한국의 불평등 2016

한국의 불평등 2016

전병유 엮음

INEQUALITY

페이퍼로드
paperroad

한국의 불평등 2016

초판 1쇄 발행 2016년 6월 29일

엮은이 전병유

펴 낸 이 최용범
펴 낸 곳 페이퍼로드
편   집 박강민, 김종오
마 케 팅 정현우
관   리 강은선

출판등록 제10-2427호(2002년 8월 7일)
주   소 서울시 마포구 연남로3길 72(연남동 563-10번지 2층)
전   화 (02)326-0328, 6387-2341
팩   스 (02)335-0334
이 메 일 book@paperroad.net
홈페이지 www.paperroad.net
블 로 그 blog.naver.com/paperroad
페이스북 www.facebook.com/paperroadbook

ISBN   979-11-86256-30-5 (03330)

- 이 저서는 2014년도 정부(교육부)의 재원으로 한국연구재단의 지원을 받아 수행된 연구임
  (NRF-2014S13A2044833).

『한국의 불평등 2016』을 펴내며

1990년대 말에 불어 닥친 경제위기 이후 불평등은 새로운 형태와 구조로 나타나 한국 사회의 가장 중요한 문제로 등장했다. 한국의 불평등에 관한 연구가 상당히 쌓여 있음에도 불구하고 지난 20~30여 년 동안 불평등을 항목별로 일목요연하게 분석한 책은 찾아보기 어렵다. 이 책은 소득, 자산, 교육, 지역 등 4개 분야로 나누어 불평등의 실태와 원인을 드러내고, 제도와 정책, 그리고 정치의 시각에서 불평등에 접근해보고자 했다. 필자들은 손쉽게 얻을 수 있는 2차 자료를 열거하면서 불평등의 실태를 보여주는 수준을 넘어 원 자료를 가공하여 분석함으로써 각 장마다 완결성을 갖출 수 있도록 노력했다.

1장은 경제적 삶의 기본 지표인 소득의 불평등을 다루었다. 경제위기 이후 소득불평등은 노동시장의 불평등이 주도했다. 한국에서는 저소득가구가 가구원의 노동시장 참가율을 높이는 방식으로 저소득에 대응했음에도, 임금불평등 심화로 소득불평등은 악화되었다. 다만, 2008년 이후 소득불평등은 완화 또는 정체되고 있다. 이에 대해서는 한국 제조업에서의 중간 일자리 창출이 증가하고 과거의 최저임금 정책의 효과가 누적되면서 나타난 것으로 보인다. 다만, 이러한 변화가 지속될 것인지, 그리고 그 원인은 무엇인지는 좀 더 추가적인 연구가 축적되어야 할 것이다.

2장에서는 자산 불평등을 들여다본다. 그동안 자산에 대한 연구는 소득에 비해 자료의 한계로 인해 매우 미흡했던 것이 사실이다. 이 장에서는 통계청의『가계자산조사』,『가계금융복지조사』, 한국조세연구원의『재정패널』, 한국노동연구원의『한국노동패널』등 가용한 자료를 모두 활용하여 한국의 자산불평등 현황을 드러내고, 국제적으로 비교해보았다. 외환위기를 거치면서 증가한 자산불평등은 2006년 이후로는 소폭 감소하고 있는 것으로 나타나는데, 이는 실물이나 금융자산의 가격이 안정화 된 데에 기인하고 있는 것으로 추정된다.

3장은 교육불평등에 관한 것이다. 한국의 교육은 지위상승의 주요 통로였다. 의무교육의 확대에 힘입어 교육기회는 보편화되었음에도 불구하고 사교육은 불평등을 낳는 기제로 작동하고 있다. 가구소득은 사교육의 차이로, 사교육의 차이는 다시 학업성취도의 차이로 연결되고 있다. 학업성취도의 차이는 또다시 진학과 사회진출의 차이로 이어져 사회경제적 지위가 세대에 걸쳐 재생산되고 있음이 확인된다.

한국사회 불평등 구조에서 지역격차도 비중있게 바라보아야 할 지점이다. 지역 간 소득격차에 초점을 둔 4장의 연구결과는 저성장 시기에 접어들면서 소득의 하향평준화에 힘입어 지역 간 소득 격차가 다소 완화되고 있으나 소득의 유출입을 분석해보면 수도권과 비수도권의 이분법적인 소득격차가 견고해지고 있다는 것을 보여준다. 이에 대한 대안으로 가공조립형 산업화를 벗어나 내생적 발전전략과 고숙련 형성을 연계하여 지역경제의 선순환 구조를 지향하는 지역정책이 필요함을 역설하고 있다.

5장은 사회안전망과 재분배정책으로 사회보험과 국민기초생활보장제도, 그리고 조세의 재분배 기능이 그 대상이다. 사회안전망으로서의 국민연금, 고용보험, 건강보험은 우리나라 복지제도 중 가장 많은 재정이 투입되는 부문이다. 하지만 가입률을 보면, 비정규직에 대한 그 보호기능이 매우 취약한 상황이다. 또한 고용보험과 국민기초생활보장법의 사각지대 문제도 매우 중요한 현안으로 대두되고 있다. 건강보험의 경우 전 국민을 대상으로 하고는 있지만, 보장성 강화 문제가 제기되고 있다는 점을 확인할 수 있다. 조세의 가장 중요한 기능은 소득재분배다. 한국의 경우 소득재분배 기능이 외환위기 이후 확대되기는 하였지만, 여전히 매우 취약한 상태에 있다. 특히 비정규직과 실업자 등 사회적 취약계층에 대한 조세이전 효과가 미미하다는 점이 두드러진다.

6장은 정치영역에서의 불평등으로 선거제도, 즉 대표선출제도에서 있어 불비례성을 지적하고 있다. 정치란 민주주의와 동일한 의미를 갖는 것으로 그 궁극적 목적이 시민권의 온전한 행사에 있기 때문이다. 한국의 선거제도는 승자독식을 통한 다수 유권자의 선호가 사장되는 불합리한 구조를 가지고 있다. 이는 대의제 선거에서 모든 유권자의 표는 동등한 가치를 가져야 한다는 1인 1표의 원칙에도 어긋난다. 한편 조세부담률과 여성국회의원 비율이 선거제도의 불비례성과 갖는 상관관계를 분석함으로써 선거제도가 대표선출의 불균형뿐만 아니라 복지국가 정책형성에도 영향을 미치는 제도적 기반의 문제임을 제기하고 있다.

소득과 자산의 불평등이 조금이나마 줄어들고 있다는 점은 매우 다행스런 결과임에 틀림없다. 하지만, 불평등의 완화가 저성장에 기인한 것은 아닐까라는 또 다른 염려가 엄습한다. 경제적 상황과 긴밀하게 연계되어 있는 소득과 자산에서는 사정이 나아지고 있지만, 경제상황과 독립적인 교육이나 제도/정책/정치 영역에서는 그렇지 않다는 것은 한국사회의 불평등이 구조화되고 있다는 것을 의미할지도 모른다. 개별 영역에서 수치상으로 불평등이 완화되더라도 국민의 생활 자체가 편안해지지 않는 것은 불평등의 구조 자체에 질적 변화가 나타나고 있다는 우려가 제기될 수 있다. 우리는 이 책과 함께 발간되는 책에서『다중격차, 한국 사회 불평등 구조』라는 제목으로 불평등 구조의 변화를 포착하고자 했다.

이 두 권의 책은 한신대학교의 SSK(Social Science Korea) 다중격차 연구단이 지난 2011년 9월부터 한국의 불평등을 연구해 온 결과물이다. 지금도 SSK 연구단의 모든 연구진들이 한국 사회의 불평등과 격차 심화의 문제에 대해서 많은 고민과 토론을 계속하고 있고 한국 사회에 의미 있는 대안을 제시하고자 노력하고 있다. 이 책을 출간하기 위해 SSK의 공동연구원들이 한마음으로 작업하면서 많은 즐거움과 희열을 느꼈다. 연구책임자로서 모두에게 감사드리며, 특히 전임연구원인 황규성, 강병익 연구교수와 데이터 작업을 성실하게 지원해준 오선영 연구원, 원고 교정작업을 해준 정준화, 전은지, 추형록 연구원에게 연구책임자로서 특별한 감사를 드린다. 그리고 출판제의를 흥쾌히 받아준 페이퍼로드 최용범 대표와 근사한 책을 만들어 준 편집진에게도 고마운 마음을 전한다. 많이 부족하지만, 이 책이 한국 사회의 불평등에 관심이 있는 사람들에게 의미 있는 자료로 활용될 수 있기를 기대한다. 나아가 더 좋은 세상을 만드는 데 작은 돌멩이 하나 얹을 수 있지 않을까 하는 소박한 기대도 가져본다.

2016년 6월
수유동 연구실에서
한신대 SSK 연구책임자
전병유

소득불평등

제2장 자산불평등

제3장 교육불평등

제4장 지역불평등

제5장 사회안전망과 조세의 재분배기능

제6장 정치불평등: 선거제도의 불비례성

소득불평등 수준

통계청이 공식적으로 발표한 2014년 지니계수는 시장소득 기준으로 0.341이고 처분가능소득 기준으로는 0.302이다. 지니계수는 소득불평등 수준을 측정하는 대표적인 지표이지만, 이 수치만 보아서는 우리나라 소득불평등 수준을 직관적으로 가늠하기 어렵다. 따라서 현 시점의 지니계수를 과거 시점의 지니계수와 비교하는 동시에 다른 나라의 지니계수과 비교함으로써 현재 우리의 위치를 판단할 수 있다.

소득불평등도의 변화를 추세적으로 살펴보면 1990년대 초반 이후 증가하다가 2000년대 후반 이후부터

지니계수
이탈리아의 통계학자인 지니(C. Gini)가 제시한 소득분배의 불평등도를 나타내는 수치이다. 지니계수는 0과 1사이의 값을 가지며 0에 가까울수록 소득분배가 균등함을 의미한다. 일반적으로 지니계수가 0.4를 넘을 때 소득분배가 아주 불평등한 것으로 간주한다.

처분가능소득
개인가처분소득이라고도 하며, 어느 일정기간동안 개인이 획득한 소득과 이를 실제로 사뉴돕세 소비 혹은 저축을 통해 처분할 수 있는 소득과는 차이가 있다. 이 때 후자를 가처분소득이라고 한다. 구체적으로 개

인소득에서 개인의 세금과 세외부담. 즉 이자지급 등 비소비지출을 공제하여 여기에 이전소득(사회보장금이나 연금 등)을 보탠 것으로 가처분소득은 '개인소비+개인저축'으로 나타낼 수 있다.

중위소득
총 가구에 소득순으로 순위를 매겼을 대 정확히 가운데를 차지한 가구의 소득을 의미한다. OECD 기준에 따르면 중위소득 50%미만은 빈곤층이며, 50~150%, 150%초과는 각각 중산층과 상류층으로 분류된다.

불평등도의 심화가 일단 멈춘 상태인 것을 알 수 있다.(〈그림 1.1〉).1 단, 이러한 추세 변화는 '가구원 수 2인 이상의 도시 가구'를 모집단으로 조사된 통계에 근거한 것이다. 전국의 모든 가구를 모집단으로 가구소득을 조사한 자료는 2006년부터 사용할 수 있기 때문이다. 또한, 전국의 모든 가구를 모집단으로 삼아 측정한 소득불평등도는 도시 2인 이상 가구의 불평등도보다 높지만, 변화의 추이는 대체로 유사할 것으로 짐작할 수 있다.

지니계수가 아닌 다른 지표를 통해서 소득불평등도를 살펴보아도 그 추이는 비슷하다. 전국비농가를 모집단으로 조사한 가계조사 자료를 분석한 결과에 따르면, 2014년에 상위 10%에 해당하는 소득액은 하위 10%에 해당하는 소득액의 4.35배이며 도시 2인이상가구 자료를 근거로 한 소득액은 3.73배를 기록하였다(〈그림 1.2〉). 이 배율은 도시2인이상가구 자료로 1992년에 3.03으로 최저치를 보이고 2009년에 4.21로 최고치를 보인 후 감소하는 경향으로 돌아섰다. 중위소득과 상위 10%에 해당하는 소득 간 격차를 나타내는 p90/p50은 관찰기간 동안 큰 변동이 없는 것으로 나타난 데 비해 중위소득과 하위 10%에 해당하는 소득 간 격차는 크게 벌어졌다. 중위소득은 1992년에 하위 10%에 해당하는 소득의 1.76배였던 것에서 2009년에는 2.26배로 증가하였다가 이후 감소세로 돌아섰다. 즉 저소등계층의 소득이 과거보다 더욱 낮아짐으로써 전체적인 소득불평

---

1 1980년대와 그 이전 시기의 지니계수는 1990년대 초반에 비해 높은 것으로 발표된 연구들이 있으나(한국보건사회연구원 2006, 66), 지니계수에 관한 통계청의 공식 자료는 1990년부터 발표되기 시작했다.

〈그림 1.1〉 지니계수로 본 소득불평등 추이: 가처분소득

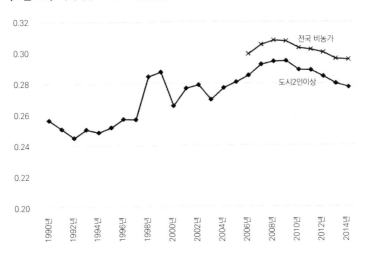

자료: 통계청, 가계동향조사 각 연도(2015).

〈그림 1.2〉 분위수 배율로 본 소득불평등 추이

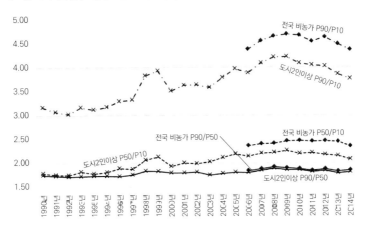

자료: 통계청, 가계동향조사 각 연도.

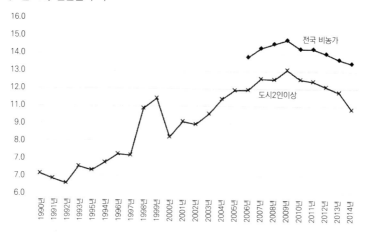

〈그림 1.3〉 빈곤율 추이

자료: 통계청, 가계동향조사 각 연도.

등이 심화되었다고 해석할 수 있다. 결과적으로 1990년대와 2000년대의 기간 동안 상위 10%와 하위 10% 소득집단 사이의 양극화는 심화되었다. 2010년 이후 이러한 양극화 추이는 멈춘 것으로 보인다.

한편 빈곤율의 변화 추이는 〈그림 1.3〉을 살펴보면 알 수 있다. 빈곤율(상대빈곤율) 역시 1990년대 초반에 낮은 수준에 있었으나 2009년에 14.8%로 최고치를 기록할 때까지 1998년과 1999년에 있었던 외환위기의 여파를 제외하면 추세적으로 증가한 양상을 보인다.

한국의 소득불평등 정도를 다른 나라와 비교하여 살펴본 것은 〈그림 1.4〉과 같다(〈부표 1.4〉). 한국의 소득불평등 정도는 소득불평등도가 높은 국가로 알려져 있는 미국, 영국, 이탈리아 보다 낮은 수준이지만 독일, 네덜

절대빈곤율과 상대빈곤율
빈곤율은 총소득 중 세금과 사회보장분담금을 제외하고 실질적으로 사용할 수 있는 가처분소득이 최저생계비 수준에 미치지 못하는 가구의 비율을 말하는데, 절대빈곤은 한 달 소득이 최저생계비에도 미치지 못하는 절대빈곤가구의 비율을 의미하는 반면 상대빈곤율은 소득이 중위소득층 소득의 절반 이하에 머무르는 가구비율을 의미한다.

18

〈그림 1.4〉 주요국의 지니계수 변화 추이

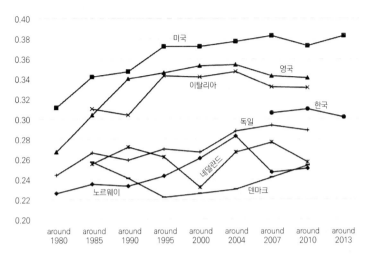

자료: Luxemburg Income Studies, 각국 자료, 각 연도.
주: 우리나라는 KOSIS

란드, 노르웨이, 덴마크보다는 높은 수준이다. 관찰한 대부분의 국가에서 소득불평등도는 증가하는 추세를 보이고 있으나 이탈리아나 영국, 노르웨이에서는 2000년대 중후반에 약간 감소하는 경향을 보인다. 이에 반해 덴마크나 독일의 경우, 2000년대 후반에 소득불평등도가 증가하는 경향을 보인다는 특징이 있다.

지금까지 한국의 소득불평등 수준을 개괄적으로 살펴보았다. 한국의 지니계수는 미국보다 낮지만 경제협력개발기구(OECD) 국가들 중에서는 비교적 소득불평등이 심한 편에 속한다. 지니계수로 살펴볼 때 한국에서는 1990년대 초반부터 2000년대 후반까지 소득불평등이 심화되어 왔다는 것이 커다란 흐름이다. 그러나 비교적 최근에 이르러 소득불평등도가 약간 감소하는 경향이 감지되고 있다. 따라서 소득불평등의 추이를 이해하려면 두 가지 질문에 답할 수 있어야 한다. 첫째, 1992년부터 2009년까지 소득불평등의 심화를 초래한 주요 메커니즘은 무엇인가? 둘째, 2010년부터 소득불평등이 완화되거나, 적어도 더 이상 심화되지 않게 된 것은 어떤 요인 때문인가? 이 글에서 두 가지 질문에 대한 분명한 해답을 제시하긴 어렵지만 이러한 질문들을 염두에 두고 소득불평등의 다양한 측면을 살펴보기로 한다.

소득원(요소)별 불평등 추이

이전소득
이전지급에 의해 발생하는 소득을 의미하며 대체소득이라고도 한다. 이전지급이란 정부기관에 의한 연금이나 유족원호금, 육영자금과 개인이 기업을 통해 받는 사회보장급부나 증여, 기부 등과 같이 무상으로 행해지는 지급을 모두 포함한다. 이전소득은 생산활동을 기반으로 하지 않는 것, 즉 정부나 기업의 소득이 개인의 소득으로 대체되었을 뿐이므로 국민소득에 포함시키지 않는다.
　사적이전소득은 민간부분에서 자발적으로 이뤄지는 현금의 이전으로 가족구성원 간 소득이전과 민간보험 등이 포함된다. 반면 공적이전소득은 정부의 소득이전으로 사회보험이나 사회복지서비스를 통한 지급을 말한다.

1990년대와 2000년대에 관찰할 수 있는 소득불평등의 심화, 그리고 2009년 이후부터 소득불평등이 더 이상 심화되지 않는 현상은 어떤 요소의 변화와 관련 있는 것일까? 그 요소가 임금소득, 자영업소득, 그리고 자산소득 등이라면, 이것들의 불평등 정도는 각각 어느 정도일까?

가구의 소득은 〈표 1.1〉과 같이 정의된다. 시장소득은 임금소득과 자영업소득을 합한 수치인 근로소득과 자산소득, 사적이전소득의 합이다. 또한, 경상소득에는 사적이전소득이 제외되고 공적이전소득이 포함되며 가처분소득은 이 모든 소득액에서 가구가 납부한 조세와 사회보험분담금을 제외한 금액으로 정의된다.

〈표 1.1〉 각 소득의 정의별 소득원

	근로소득		자산소득	사적이전	공적이전	조세	사회보험 분담금
	임금소득	자영업소득					
시장소득	○	○	○	○			
경상소득	○	○	○		○		
가처분소득	○	○	○	○	○	△	△

　　소득원별 불평등도의 변화를 살펴보기 전에 각각의 요소들이 가계
소득에서 차지하는 비중을 살펴보면 〈부표 1.11〉와 같다. 특징적인
부분을 요약하자면, 먼저 자산소득의 비중은 1% 이하로 미미한 수준
이며 이전소득이 차지하는 구성비는 1993년에 5.2%로 최저수준이
었다가 2010년부터는 10%를 넘어서서 점차 증가하는 추세가 뚜렷
하다. 한편 가계에서 자영업소득이 차지하는 비중은 1990년대 초반
에서 2002년까지 30~31%대를 유지하다가 2003년부터 줄어들기
시작하여 2014년에는 20.9%까지 감소하였다. 임금소득은 1990년
64.2%에서 2002년에 58.6%까지 감소하였다가 이후 다시 증가하여
2014년에는 66.5%에 달하고 있다.

　　〈그림 1.5〉는 가구의 임금소득 불평등도를 지니계수로 측정한 것
이다. 전국의 모든 가구를 대표하는 측정지표는 2006년부터 사용할
수 있으므로 2인 이상 도시가구의 임금소득 불평등도를 함께 제시하
였다. 여기서 임금소득이 0인 가구를 제외하고 측정한 지니계수는 순
수하게 임금소득이 있는 가구들만을 대상으로 측정한 값이나. 임금
소득이 0인 가구를 포함하여 계산한 지니계수는 임금소득이 있는 가
구가 증가하거나 감소하는 것에 따른 효과를 반영한 것이 된다. 〈그

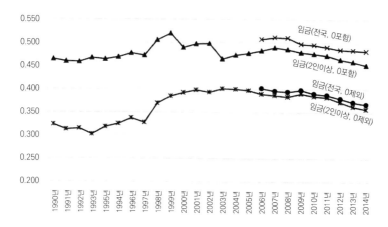

자료: 통계청, 가계동향조사 각 연도
주: 균등화 시장소득에 인구가중치를 적용함

림 1.5〉에서 보이는 그래프에 따르면 임금소득이 조금이라도 있는
가구들 간에 임금소득 불평등은 1990년대에 주로 증가하였고, 2000
년대에는 대체로 정체상태를 보이다가 2010년도 이후에는 감소세
로 들어선 것으로 나타났다.

　한편 자영업소득의 불평등도는 자료의 한계로 인해 임금소득과 같
은 방식으로 측정이 불가능하였다.2 그럼에도 불구하고 〈그림 1.6〉을
통해 알 수 있는 바는 다음과 같이 세 가지 정도로 요약할 수 있다. 첫

2　통계청의 '가계동향조사'는 2009년에 조사표를 대폭 개편하였는데, 이에 따른 조
　사항목의 일관성 훼손을 최소화하고자 2009년 이전 자료를 일부 수정하는 조치
　를 시행하였다. 이로 인해 2009년 이전에는 자영업소득이 전혀 없는 가구를 식별
　하는 것이 어렵게 되었다.

〈그림 1.6〉 자영업소득의 불평등도 변화 추이: 지니계수

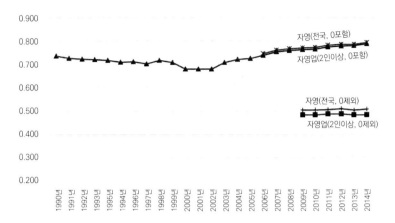

자료: 통계청, 가계동향조사 각 연도
주: 균등화 시장소득에 인구가중치를 적용함.

째, 자영업소득의 불평등도는 임금소득의 불평등도보다 높다. 둘째,
자영업소득이 있는 가구만을 대상으로 할 경우, 2009년 이후 자영업
소득의 불평등은 심화되거나 완화되지 않고 같은 수준을 유지하고
있다. 셋째, 자영업 비중의 축소, 즉 자영업소득이 전혀 없는 가구가
늘어나는 현상의 효과를 함께 고려하면 자영업소득의 불평등도는 최
근에 증가하고 있다.

　가구의 가처분소득 불평등도는 임금소득과 자영업소득을 합친 근
로소득의 불평등도 변화 추이와 가장 유사한 것으로 보인다(〈그림 1.7.
참조〉). 가처분소득과 근로소득의 차이, 즉 재분배 효과는 2000년대
부터 증가하였으나 등락의 패턴은 최근까지도 매우 유사하게 나타나
고 있다. 가구의 근로소득 지니계수와 가처분소득 지니계수는 1990

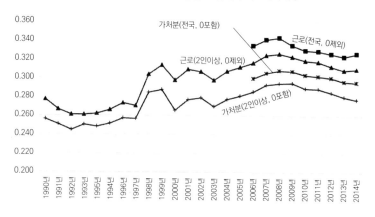

〈그림 1.7〉 근로소득과 가처분소득의 불평등도 변화 추이: 지니계수

자료: 통계청, 가계동향조사 각 연도
주: 균등화 시장소득에 인구가중치를 적용함.

누진성
일반적으로 조세가 누진적
이라고 함은 경제력 능력이
클수록, 즉 소득이 높을수
록 조세부담률이 높아지는
것을 말한다. 대표적인 누
진적 조세는 개인소득세이
다. 반면 역진적 조세는 경
제적 능력이 클수록 조세부
담률이 낮아지는 것을 의미
하는데, 소득이 높은 계층
의 조세부담률이 소득이 낮
은 계층의 조세부담률보다
낮을 때 역진적이라 말한
다.

년대와 2000년대에 대체로 증가하였으나 근로소득은 2008년, 가처분소득은 2009년에 최고치에 도달한 후 감소하는 추세로 돌아섰다.

이러한 최근 경향성에 대한 설명은 조세와 사회보험 분담금의 작동방식을 고려하면 더욱 어려워진다. 〈그림 1.8〉은 조세와 사회보험분담금을 납부한 금액을 지니계수로 변환한 것이므로 수치가 클수록 누진성이 큰 것으로 해석할 수 있다. 1990년대부터 2003년까지 조세와 사회보험분담금의 누진성이 감소한 것으로 확인할 수 있는데, 이 기간은 소득의 불평등도가 증가한 시기이므로 논리적인 불일치가 없다. 조세와 사회보험분담금의 누진성은 2003년부터 2008년까지 짧

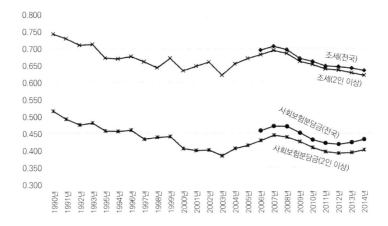

〈그림 1.8〉 조세와 사회보험분담금의 누진성 정도: 지니계수

자료: 통계청, 가계동향조사 각 연도
주: 균등화 시장소득에 인구가중치를 적용함. 조세와 사회보험분담금을 내지 않는 가구(0)를 포함하여
계산함.

은 기간 동안 증가하였는데, 그럼에도 불구하고 조세와 사회보험이
가처분소득의 불평등도를 억제하는 역할을 충분히 하지는 못한 것으
로 보인다. 더욱이 2008년부터는 조세와 사회보험분담금의 누진성
이 약화되어 2000년대 초반 수준까지 하락하였는데, 이 기간 동안 가
처분소득의 지니계수는 오히려 감소하였다. 소득불평등도의 추이가
재분배 제도의 강화 혹은 약화와 무관하게 진행된 것이다.

　지금까지 살펴본 바와 같이 가구의 가처분소득 불평등도는 근로소
득과 긴밀하게 연동하여 변화하였고, 그중에서도 임금소득의 변화와
연관성이 있다. 따라서 다음 단계에서는 2008년까지 근로소득 불평
등이 심화된 원인과 그 이후 불평등도가 감소세로 돌아선 원인이 설
명되어야 할 것이다. 이러한 추세가 재분배 제도의 방향성을 무력화

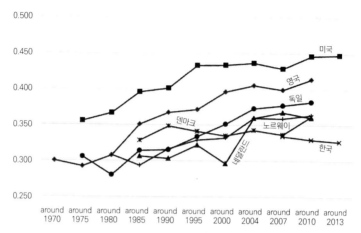

〈그림 1.9〉 주요국의 근로소득 지니계수 비교

자료: Luxemburg Income Studies, 각국 자료, 각 연도
자료: 우리나라는 통계청 가계동향조사 각 연도

시킬 만큼 강력한 것이었다는 점도 간과할 수 없다. 참고로 주요국의
근로소득 지니계수의 변화 추이를 비교한 그래프는 〈그림 1.9〉와 같
다. 관찰 기간 동안 대부분의 국가에서 근로소득 불평등은 심화되어
왔다. 특히 미국과 영국의 근로소득 불평등도가 심각한 편인데, 이러
한 현상은 주로 1990년대에 급속하게 진행되었다. 독일의 불평등도
또한 가파르게 증가하고 있고 이것은 최근까지도 진행 중인 현상이
다. 이러한 주요 선진국에 비해 한국의 가구별 근로소득 불평등도는
낮은 수준이다. 이것은 한국의 경우 공적이전을 기대하기 어렵기 때
문에 저소득층일수록 노동시장에 참여하는 근로소득 활동자가 많은
데 기인하는 것이다. 선진국의 경우, 연금으로 생활하는 노인가구와

〈그림 1.10〉 주요국의 가구주의 근로소득분위별 배우자의 고용률 비교

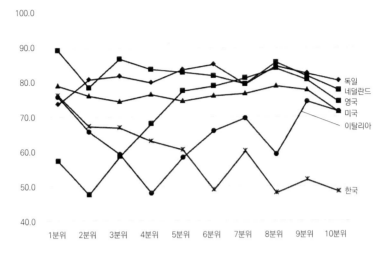

자료: Luxemburg Income Studies, 각국 자료, 2010년
자료: 우리나라는 한국노동패널 2014년.

국가의 지원을 받는 한부모가구의 비중이 높으므로 저소득층에서 근로소득자의 수가 적다(〈그림 1.10〉 참조).

근로소득 불평등 추이에 대한 설명

가구의 근로소득 불평등은 개인단위 근로소득 분포와 가구의 소득계층별 근로소득자 숫자라는 두 가지 요인의 상호작용으로 결정된다. 첫째, 가구구성의 특징이라는 경로를 거치기는 하지만 개인난위의 근로소득 불평등은 그 자체로 중요한 불평등 설명 요인이다. 노동시장에서 임금불평등이 심화되면 이는 가구의 근로소득 불평등으로

소득분위
가구의 분기 소득수준에
따라 10%씩 10분위 혹은
20%씩 5분위로 나눈 지표
를 말하며, 1분위가 소득수
준이 가장 낮고 올라갈수록
높아진다.

이어질 것이다. 둘째, 가구의 소득계층별 근로소득자의 숫자이다. 고소득계층에서 2인 소득자가구(dual earner household)가 많을수록 소득불평등은 심화될 가능성이 높고, 반대로 저소득계층에서 두 번째 소득활동자의 노동시장 참여가 높을수록 소득불평등은 완화될 것이다. 이와 같은 논리적 연상선상에서 소득활동자의 수가 적을 수밖에 없는 노인가구나 한부모가구의 비중이 증가하는 인구학적 변화는 가구 소득불평등을 심화시킬 가능성이 있다.

〈그림 1.10〉은 주요국의 25~55세 부부 가구에서 가구주의 근로소득 분위별로 배우자의 고용률을 나타낸 것이다. 미국, 독일, 네덜란드 등의 국가에서는 가구주의 근로소득 수준에 따라 배우자의 고용률이 거의 달라지지 않는다. 영국에서는 가구주의 소득이 높은 가구에서 오히려 배우자의 고용률이 높았다. 이에 반해 한국은 가구주의 소득수준이 낮을수록 배우자의 고용률이 높게 나타나는 현상이 뚜렷하다. 이러한 관찰에 근거해 볼 때, 다른 나라와 달리 현재 한국에서는 배우자가 추가적으로 소득활동에 참여하는 행위양식이 가구의 근로소득 불평등을 줄여주는 방향으로 작동할 가능성이 높다고 하겠다.

근로소득의 불평등 추이를 가계동향조사와 한국노동패널(KLIPS)이라는 두 가지 데이터를 통해 살펴보면 〈그림 1.11〉과 같다. 가구단위로 측정한 근로소득의 지니계수는 가계동향자료와 한국노동패널 데이터에서 매우 유사한 수준과 패턴을 보인다. 가계동향자료에서는 2008년에 최고치를 나타내는 데 비해 한국노동패널에서는 2009년까지 불평등도가 감소하지 않는 점, 그리고 최근 불평등도의 감소가 한국노동패널 데이터에서 보다 더 가파르게 나타난다는 점 정도

〈그림 1.11〉 가구단위 근로소득의 지니계수

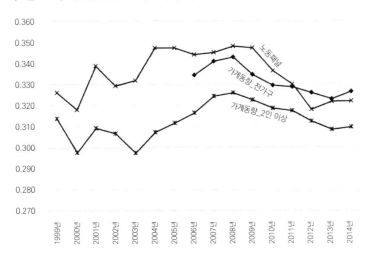

자료: 한국노동연구원, 한국노동패널자료 각 연도, 통계청 가계동향자료 각 연도

가 차이라고 볼 수 있다. 어떤 데이터를 사용하든 간에 분명한 것은 2000년대 말 이후 근로소득의 불평등도가 감소하기 시작했다는 사실이다. 여기에는 가구의 노동공급 패턴의 변화가 어느 정도 영향을 미쳤을 것으로 짐작되나 정확한 분석이 행해진 바는 없다. 그보다 더 큰 관심은 노동시장의 임금수준 분포의 변화가 가구의 근로소득 불평등에 어떤 영향을 미쳤는가 하는 것이다. 이 질문에 답하기 위해서는 개인단위 임금과 가구단위 소득을 함께 살펴볼 필요가 있다.

〈그림 1.12〉에 나타난 바와 같이 개인단위로 측정한 월임금의 지니계수는 가구단위 근로소득의 지니계수와 높은 수준의 상관관계를 보여준다. 가구단위 근로소득에는 자영업소득이 포함되며 두 명 이상의 근로소득자의 소득이 합쳐져서 불평등도를 높이거나 낮추는 방향

<그림 1.12> 개인 월임금의 지니계수와 가구 근로소득 지니계수 비교

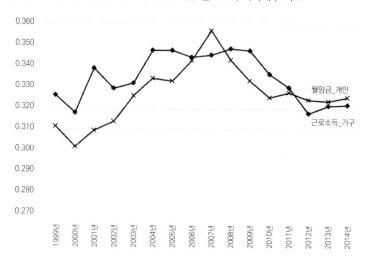

자료: 한국노동연구원, 한국노동패널자료

으로 작용하는 것으로 예상할 수 있지만, 가구단위 근로소득 불평등에 가장 크게 영향을 미치는 요인은 전반적인 노동시장의 임금불평등이라고 볼 수 있다.

최근의 소득불균형 추세가 주는 함의

1990년대와 2000년대를 관찰한 다수의 기존연구들은 소득불평등 심화의 원인을 찾는 데 주력하였다(강신욱 외, 2013: 강신욱 외, 2014). 소득불평등의 상당부분은 소득이 없는 노인가구의 증가에서 찾을 수 있지만(홍석철, 2013), 근로연령대 가구만으로 분석대상을 제한하더라도 소득불평등의 심화는 분명하게 관찰되었으며, 임금소득 불평등의 증가가 소득불평등 심화의 주요한 요인으로 지적되었다. 이병희·장지연(2012)은 임금불평등의 증가가 소득불평등 심화를 주도하였다고 분석했는데, 이는 가구단위 노동공급 패턴이 불평등을 완화하는 방향으로 움직였음에도 불구하고 나타난 현상이었다.

그런데 2000년대 말부터 2010년대 초반까지 거의 모든 자료에서 소득불평등 정도를 나타내는 지표들은 더 이상 불평등이 심화되지 않거나 완화되는 양상을 보이기 시작했다. 이 글에서는 이러한 최근 동향을 드러내는 데 주력하였다. 가구소득 불평등 심화에 임금불평등이 주요한 요인이었던 것과 마찬가지로 소득불평등의 완화 역시 임금불평등의 완화가 주도한 것으로 볼 수 있는 통계상의 추이들이 관찰되었다. 그렇다면 이제 질문은 지난 20~30년간 노동시장에서 임금불평등의 심화 혹은 완화를 초래한 기제는 무엇인가 하는 것이다. 이 질문에 대한 해답은 한국의 교역구조 변화, 이와 연계된 산업구조의 변동, 기업의 인력 활용전략에 따른 고용형태의 다양화 추이 등을 분석해야 얻을 수 있을 것이다.

〈부표 1.1〉 지니계수로 본 소득불평등 추이: 가처분소득(〈그림 1.1〉)

	도시2인이상	전국 비농가
	지니계수	지니계수
1990년	0.25599	
1991년	0.25044	
1992년	0.24471	
1993년	0.25009	
1994년	0.24814	
1995년	0.25141	
1996년	0.25695	
1997년	0.25668	
1998년	0.28459	
1999년	0.28755	
2000년	0.26558	
2001년	0.27700	
2002년	0.27910	
2003년	0.26961	
2004년	0.27724	
2005년	0.28105	
2006년	0.28536	0.29947
2007년	0.29247	0.30532
2008년	0.29433	0.30799
2009년	0.29474	0.30743
2010년	0.28903	0.30317
2011년	0.28879	0.30198
2012년	0.28454	0.30027
2013년	0.28013	0.29621
2014년	0.27745	0.29553

자료: 통계청, 가계동향조사.
주: 1. 인구가중치 사용, 가구원수 조정, 시장소득과 가처분소득이 음수인 경우 0으로 처리,
가구원수 8인이상은 8인으로 함.
2. 1990-2002: 도시 2인 이상; 2006-2014: 전국 비농가(농가경제조사가 빠져 있으므로 통계청
자료와 불가))

〈부표 1.2〉 분위수 배율로 본 소득불평등 추이(〈그림 1.2〉)

	도시2인이상			전국 비농가		
	P90/P10	P90/P50	P50/P10	P90/P10	P90/P50	P50/P10
1990년	3.16	1.76	1.80			
1991년	3.07	1.74	1.76			
1992년	3.03	1.72	1.76			
1993년	3.17	1.73	1.83			
1994년	3.12	1.74	1.79			
1995년	3.18	1.74	1.82			
1996년	3.29	1.74	1.90			
1997년	3.32	1.76	1.88			
1998년	3.82	1.84	2.08			
1999년	3.92	1.84	2.14			
2000년	3.50	1.80	1.94			
2001년	3.63	1.80	2.01			
2002년	3.63	1.82	2.00			
2003년	3.58	1.76	2.03			
2004년	3.78	1.79	2.12			
2005년	3.96	1.81	2.19			
2006년	3.88	1.80	2.15	4.37	1.84	2.37
2007년	4.09	1.85	2.21	4.54	1.89	2.41
2008년	4.20	1.89	2.22	4.64	1.92	2.41
2009년	4.21	1.86	2.26	4.68	1.90	2.46
2010년	4.08	1.86	2.20	4.66	1.88	2.47
2011년	4.04	1.82	2.22	4.53	1.84	2.46
2012년	4.01	1.84	2.18	4.61	1.87	2.46
2013년	3.85	1.79	2.15	4.47	1.83	2.44
2014년	3.75	1.81	2.07	4.35	1.85	2.35

자료, 주: 〈부표 1.1〉과 동일

〈부표 1.3〉 빈곤율 추이

	도시 2인 이상	전국 비농가
	빈곤율	
1990년	7.1	
1991년	6.8	
1992년	6.5	
1993년	7.5	
1994년	7.3	
1995년	7.8	
1996년	8.2	
1997년	8.2	
1998년	10.9	
1999년	11.4	
2000년	9.2	
2001년	10.1	
2002년	10.0	
2003년	10.6	
2004년	11.4	
2005년	11.9	
2006년	11.9	13.8
2007년	12.6	14.3
2008년	12.5	14.6
2009년	13.1	14.8
2010년	12.5	14.3
2011년	12.4	14.3
2012년	12.1	14.0
2013년	11.8	13.7
2014년	10.8	13.5

자료, 주: 〈부표 1.1〉과 동일

〈부표 1.4〉 주요국의 지니계수 추이(〈그림 1.4〉)

	덴마크	독일	이탈리아	네덜란드	노르웨이	한국	영국	미국
around 1975		.272					.268	.317
around 1980		.244			.226		.267	.311
around 1985	.257	.266	.310	.255	.235		.304	.342
around 1990	.241	.259	.304	.272	.233		.340	.347
around 1995	.222	.270	.343	.262	.243		.346	.372
around 2000	.226	.267	.342	.232	.261		.353	.372
around 2004	.230	.288	.347	.267	.283		.354	.377
around 2007	.242	.294	.332	.277	.247	.306	.343	.383
around 2010	.254	.289	.331	.257	.251	.310	.341	.373
around 2013						.302		.383

자료: Luxemburg Income Studies, 각국 자료, 각 연도
주: 우리나라는 KOSIS

〈부표 1.5〉 임금소득의 불평등도 변화 추이(〈그림 1.5〉)

	임금 (2인이상,0제외)	임금 (2인이상,0포함)	임금(전국,0제외)	임금(전국,0포함)
1990년	0.32286	0.464		
1991년	0.31293	0.459		
1992년	0.31443	0.459		
1993년	0.30239	0.466		
1994년	0.31818	0.464		
1995년	0.32537	0.469		
1996년	0.33763	0.477		
1997년	0.32785	0.473		
1998년	0.36946	0.505		
1999년	0.38439	0.519		
2000년	0.39240	0.489		
2001년	0.39817	0.497		
2002년	0.39327	0.498		
2003년	0.40100	0.465		
2004년	0.40006	0.474		
2005년	0.39681	0.477		
2006년	0.38944	0.483	0.40111	0.50731
2007년	0.38680	0.489	0.39557	0.51161
2008년	0.38368	0.486	0.39373	0.51024
2009년	0.39049	0.479	0.39803	0.49742
2010년	0.38463	0.476	0.38996	0.49492
2011년	0.38234	0.472	0.38726	0.49052
2012년	0.37249	0.464	0.37944	0.48507
2013년	0.36311	0.459	0.37190	0.48364
2014년	0.35702	0.452	0.36721	0.48147

자료, 주: 〈부표 1.1〉과 동일

〈부표 1.6〉 자영업소득의 불평등도 변화 추이(〈그림 1.6〉)

	자영 (2인이상,0제외)	자영업 (2인이상,0포함)	자영 (전국,0제외)	자영업 (전국,0포함)
1990년		0.736		
1991년		0.727		
1992년		0.724		
1993년		0.721		
1994년		0.718		
1995년		0.710		
1996년		0.712		
1997년		0.703		
1998년		0.717		
1999년		0.708		
2000년		0.680		
2001년		0.680		
2002년		0.680		
2003년		0.708		
2004년		0.721		
2005년		0.725		
2006년		0.738		0.74598
2007년		0.753		0.76021
2008년		0.759		0.76672
2009년	0.48258	0.763	0.50299	0.77049
2010년	0.48283	0.764	0.50267	0.77236
2011년	0.48570	0.773	0.50539	0.78069
2012년	0.48544	0.777	0.50798	0.78560
2013년	0.48215	0.780	0.50354	0.78526
2014년	0.48334	0.787	0.50748	0.79304

자료, 주: 〈부표 1.1〉과 동일

〈부표 1.7〉 근로소득과 가처분소득의 불평등도 변화 추이

	근로(2인 이상, 0제외)	근로 (전국, 0제외)	가처분(2인 이상, 0포함)	가처분 (전국, 0포함)
1990년	0.27694		0.256	
1991년	0.26650		0.250	
1992년	0.26084		0.245	
1993년	0.26062		0.250	
1994년	0.26177		0.248	
1995년	0.26593		0.251	
1996년	0.27339		0.257	
1997년	0.27036		0.257	
1998년	0.30408		0.285	
1999년	0.31377		0.288	
2000년	0.29770		0.266	
2001년	0.30927		0.277	
2002년	0.30675		0.279	
2003년	0.29747		0.270	
2004년	0.30736		0.277	
2005년	0.31162		0.281	
2006년	0.31631	0.33447	0.285	0.29947
2007년	0.32428	0.34099	0.292	0.30532
2008년	0.32584	0.34294	0.294	0.30799
2009년	0.32242	0.33460	0.295	0.30743
2010년	0.31866	0.32942	0.289	0.30317
2011년	0.31729	0.32868	0.289	0.30198
2012년	0.31234	0.32581	0.285	0.30027
2013년	0.30845	0.32292	0.280	0.29621
2014년	0.30965	0.32640	0.277	0.29553

자료, 주: 〈부표 1.1〉과 동일

〈부표 1.8〉 조세와 사회보험분담금의 누진성 정도(〈그림 1.8〉)

	조세(2인 이상)	사회보험분담금 (2인 이상)	조세(전국)	사회보험분담금 (전국)
1990년	0.742	0.515		
1991년	0.729	0.492		
1992년	0.710	0.475		
1993년	0.712	0.481		
1994년	0.672	0.457		
1995년	0.669	0.456		
1996년	0.676	0.460		
1997년	0.660	0.433		
1998년	0.643	0.438		
1999년	0.671	0.440		
2000년	0.634	0.405		
2001년	0.647	0.400		
2002년	0.659	0.401		
2003년	0.620	0.383		
2004년	0.654	0.405		
2005년	0.669	0.414		
2006년	0.681	0.429	0.69415	0.45788
2007년	0.693	0.444	0.70549	0.47107
2008년	0.684	0.438	0.69573	0.46929
2009년	0.661	0.425	0.66950	0.45040
2010년	0.652	0.407	0.66118	0.43046
2011년	0.639	0.395	0.64698	0.42071
2012년	0.635	0.390	0.64498	0.41764
2013년	0.627	0.392	0.64033	0.42236
2014년	0.619	0.401	0.63431	0.43171

자료, 주: 〈부표 1.1〉과 동일

〈부표 1.9〉 주요국의 근로소득 지니계수 비교(〈그림 1.9〉)

	덴마크	독일	이탈리아	네덜란드	노르웨이	한국	영국	미국
around 1970							0.300	
around 1975		0.305					0.292	0.356
around 1980		0.280			0.308		0.308	0.367
around 1985	0.328	0.314	0.314	0.306	0.293		0.351	0.396
around 1990	0.349	0.315	0.304	0.303	0.316		0.367	0.401
around 1995	0.341	0.334	0.359	0.322	0.329		0.371	0.433
around 2000	0.335	0.352	0.342	0.296	0.332		0.396	0.433
around 2004	0.343	0.373	0.381	0.360	0.360		0.405	0.437
around 2007	0.337	0.378	0.335	0.368	0.359	0.334	0.399	0.429
around 2010	0.362	0.382	0.342	0.361	0.364	0.329	0.414	0.446
around 2013						0.326		0.448

자료, 주: 〈부표 1.4〉와 동일

〈부표 1.10〉 주요국의 가구주의 근로소득분위별 배우자의 고용률 비교(〈그림 1.10〉)

	독일	이탈리아	네덜란드	영국	미국	한국
1분위	73.7	75.8	89.4	57.1	79.0	76.2
2분위	80.7	65.8	78.5	47.5	76.1	67.3
3분위	81.8	59.2	86.8	58.5	74.5	66.8
4분위	79.9	48.0	83.8	68.1	76.5	62.9
5분위	83.6	58.4	82.8	77.4	74.6	60.5
6분위	85.1	66.0	81.9	78.8	76.1	48.8
7분위	79.4	69.7	79.5	81.2	76.7	60.1
8분위	84.7	59.2	85.8	84.1	78.9	48.0
9분위	82.5	74.5	81.8	80.7	77.7	51.7
10분위	80.3	71.6	77.7	74.3	71.5	48.3

자료, 주: 〈부표 1.4〉와 동일

〈부표 1.11〉 가계 경상소득의 구성비(〈그림 1.11〉)

	도시2인이상				전국 비농가			
	임금소득	자영업 소득	자산소득	이전소득	임금소득	자영업 소득	자산소득	이전소득
1990년	64.2	28.8	1.1	5.9				
1991년	63.3	29.7	1.1	5.9				
1992년	63.2	30.0	1.2	5.6				
1993년	63.1	30.7	1.0	5.2				
1994년	62.6	30.7	1.0	5.7				
1995년	62.0	31.3	1.1	5.6				
1996년	61.5	31.3	1.1	6.0				
1997년	61.1	31.5	1.2	6.2				
1998년	60.3	30.8	1.4	7.5				
1999년	58.4	31.3	1.4	8.9				
2000년	59.0	30.7	1.3	9.0				
2001년	58.7	31.0	1.1	9.1				
2002년	58.6	31.2	1.0	9.2				
2003년	63.1	28.0	0.7	8.3				
2004년	63.2	27.1	0.6	9.1				
2005년	62.5	26.4	0.6	10.6				
2006년	63.0	25.9	0.5	10.7	60.6	25.6	0.5	13.3
2007년	63.2	24.8	0.5	11.4	60.9	24.5	0.6	14.1
2008년	63.9	24.0	0.6	11.5	61.1	23.6	0.6	14.7
2009년	64.4	23.4	0.4	11.8	62.4	23.0	0.5	14.1
2010년	64.1	23.2	0.4	12.3	62.2	22.8	0.5	14.5
2011년	64.2	22.7	0.4	12.7	62.2	22.3	0.5	15.0
2012년	65.2	22.0	0.5	12.2	63.2	21.7	0.6	14.6
2013년	65.9	21.5	0.5	12.1	63.3	21.5	0.6	14.7
2014년	66.5	20.9	0.4	12.2	63.5	20.9	0.5	15.1

자료: 통계청, 가계동향조사 각 연도

〈부표 1.12〉 개인의 월 임금소득과 가구의 근로소득 지니계수 비교(〈그림 1.12〉)

	근로소득(가구)	월 임금(개인)
1999년	0.326	0.312
2000년	0.318	0.302
2001년	0.339	0.310
2002년	0.329	0.314
2003년	0.332	0.326
2004년	0.347	0.334
2005년	0.347	0.333
2006년	0.344	0.343
2007년	0.345	0.357
2008년	0.348	0.343
2009년	0.347	0.333
2010년	0.336	0.325
2011년	0.330	0.328
2012년	0.318	0.324
2013년	0.322	0.324
2014년	0.322	0.326

자료: 한국노동연구원, 노동패널.

제2장

자산불평등

자산에 대한 정의와 조사 현황

일반적으로 부(wealth), 즉 자산의 분포는 소득의 분포에 비해 매우 불평등하다. 그럼에도 불구하고 자산 불평등에 관한 자료와 연구는 매우 미흡하다. 한국뿐만 아니라 경제협력개발기구(OECD) 주요 선진국들의 경우도 마찬가지이다. 이는 전후 케인스주의 체제 하에서 자산보다 소득의 중요성이 높았기 때문일 것이다. 피케티(Piketty, 2014)에 따르면, 자본주의의 지난 100여 년의 기간 동안 1940년대에서 1970년대까지는 자산의 역할보다 소득의 중요성이 높은 시기였다. 자료와 통계 역시 소득을 중심으로 만들어졌고 가계 수준의 소득불평등이 정치적 및 학술적으

케인스주의
영국의 경제학자인 케인스 (John Maynard Keynes, 1883-1946)를 계승하는 경제학 이론이다. 거시경제학을 개척한 케인스는 만성적인 실업을 극복하기 위해 성부가 총수요 관리를 통해 경제에 개입해야 한다고 보았다. 즉, 완전고용을 실현하고 유지하기 위해 유효수요(소비와 투자)를 확보해야 하는데, 이를 위한 정부의 적극적인 재정정책과 공공지출을 강조했다.

인적자본
교육이나 직업훈련 등으로 그 경제가치나 생산력을 높일 수 있는 자본을 의미한다. 인적자본이란 용어는 1950년대 말 미국의 노동경제학자인 슐츠와 벨커 등에 의해 본격적으로 사용되었다. 이들은 인간을 투자에 의해 경제가치나 생산력의 크기를 증가시킬 수 있는 자본으로 보았고, 인적자본을 많이 축적한 사람일수록 같은 시간에 같은 노동을 하더라도 더 좋은 생산성을 가진다고 주장했다.

사회적자본
사람들 사이의 협력을 가능하게 만드는 구성원들 간 공유된 제도, 규범, 네트워크, 신뢰 등과 같이 일체의 사회적 자산을 포괄하여 지칭한다. 이중 사회적 신뢰가 사회적 자본의 핵심이다.

로 주요한 의제였다. 그러나 1980년대 이후부터 다시 자산의 역할이 크게 확대되었다는 것이 피케티가 보여준 핵심이다.

소득과 달리 자산은 조사가 어렵고 국가별로 비교하는 것 역시 매우 어렵다. OECD는 최근에 이르러서야 국제적으로 비교할 수 있는 자산데이터를 구축하기 시작했다. OECD(2013)에 의해 자산에 대한 정의와 조사 기준 등을 정의하는 연구가 시행되었으며, 자산과 관련하여 국제적으로 비교할 수 있는 통계치들을 OECD Wealth Distribution Database로 구축하고 있다. 물론 룩셈부르크의 Cross-National Data Center인 LIS(Luxemburg Income Study)에서도 국제적으로 비교 가능한 자산 데이터를 구축하고 있으나, OECD가 공식 통계기관의 자료를 사용하는 반면 Luxembourg Wealth Studies(LWS)는 서베이 자료를 통해 데이터를 구축한다는 차이가 있다.

이 장에서는 OECD자료를 통해 국제적으로 자산불평등을 비교해 보고자 한다. OECD Guidelines에 따르면 자산 개념은 소득이나 소비와 더불어 인간의 물질적 생활의 한 측면을 나타내는 것으로 '경제적 자원의 소유권(ownership of economic capital)'으로 정의하고 있다. 따라서 인적자본과 사회적자본, 여타 집합적으로 소유하고 있는 자본 등을 제외한다. 이들은 개인이 소유권을 주장할 수 있는 물질적 자본이 아니기 때문이다(Murtin and Mira d'Ercole, 2015).

지니계수만으로 자산의 불평등을 나타내는 데는 한계가 있다. 순자산의 경우 마이너스나 0의 값을 취하는 경우가 있고, 평균을 중심으로 정규분포 형태를 취하기보다 상위계층이 매우 많은 부분을 차지하는 분포를 가지기 때문이다. 또한 평균값보다 중간값이나 자산분위별 점유율 등의 지표를 활용한다. 중위가구의 순자산 값을 사용하는 것은 자산상위계층에 대한 불완전한 조사의 문제로부터 자유로울 수 있다. 자산상위계층의 경우에 자산을 과소보고하는 경향이 있는 것으로 알려져 있고, 표본조사는 자산상위계층이 과소대표되어 있을 가능성이 높기 때문이다.

한국의 가계부문 총자산은 거시자료(『국민대차대조표』)에서는 2013년 말 7,586조 원으로 , 미시자료(『가계금융복지조사』)에서는 2014년 3월에 6,137조 원으로 나타난다(〈표 2.1〉). 순자산은 각각 6,366조 원과 5,034조 원에 달한다. 거시자료의 순자산 규모 대비 미시자료의 순자산 규모의 비율은 0.79로 OECD 17개국의 평균치인 0.9에 비해 낮은 수치이다(〈부표 2.1〉 참조). 이는 여타 국가들과 마찬가지로 금융자산의 과소평가에 기인하는 부분이 크다. 금융자산의 거시자료 대비 미시자료의 규모 비율은 0.61로 OECD 17개국 평균인 0.6과 유사하다. 그러나 한국의 경우는 비금융자산의 경우에도 0.91로 OECD 17개 국가들의 평균 수치인 1.0에 비해 낮은 수준이다. 부동산이나 주택과 같은 비금융자산에서도 미시자료에는 과소보고되는 비율이 높은 것으로 판단된다.

아래 미시자료에 기초한 분석들은 이러한 한계가 충분히 고려된 상태에서 검토되어야 한다. 또한, 국제기준을 활용하고 자산대표성을 충분히 검토한 후 만들어진 통계청의 『가계금융복지조사』 역시 자산상위층의 과대표본추출(over-sampling)을 하지 않고 있다는 점을 고려해야 한다. OECD 국가 가운데 과대표본추출을 하지 않는 국가는 그리스와 이탈리아이고, 한국의『가계금융복지조사』는 무응답에 대한 결측대체(imputation)를 하지 않은 유일한 국가이다(OECD 2015, 284).

〈표 2.1〉 우리나라의 자산 현황

	국민대차대조표 (2013년 말 기준, A)	가계금융복지조사 (2014년 3월 조사, B)	B/A
총자산	7,586	6,137	0.81
비금융자산	4,912	4,494	0.91
금융자산	2,674	1,643	0.61
순자산	6,366	5,034	0.79
부채	1,220	1,103	0.90

자료: 국민대차대조표(통계청)과 가계금융복지조사(통계청) 원자료에서 계산

자산불평등의 국제 비교

공식 통계에 근거할 경우, 한국의 자산불평등은 OECD 평균에서 약간 낮은 편이다. 전반적으로 미국, 스웨덴, 네덜란드, 독일 등이 높은 편이고, 이탈리아, 스페인, 그리스 등 몇몇 남유럽 국가들의 자산불평등은 낮은 편이다. 이에 대해서는 아직 명확하게 분석되지 않고 있으나 몇 가지 가설과 가능성을 생각해볼 수 있다.

첫째, 국가 복지가 잘 갖추어져 있는 경우에 자산과 가족에 기반을 둔 복지에 대한 수요가 상대적으로 크지 않은 반면, 국가 복지가 취

약할 경우는 자산과 가족에 기반을 둔 복지에 대한 수요가 크기 때문인 것으로 판단된다. 국가복지가 취약할 경우, 중산층뿐만 아니라 빈곤층의 경우에도 최후의 안전망으로 일정한 정도의 자산을 확보하지 않을 수 없을 것이다. 둘째, 자산불평등은 주로 금융자산의 불평등에 기인한다. 금융자산은 매우 불평등하게 분포되어 있으며, 상위소득-자산계층에 집중되는 경향이 있기 때문이다. 따라서 미국과 같이 자산 소유가 금융자산 중심으로 이뤄졌을 때는 불평등 수준이 상대적으로 높고, 스페인이나 이탈리아와 같이 실물자산과 부동산자산으로 이뤄질 경우에는 불평등 수준이 낮아질 수 있다. 한국 역시 아직은 국가 복지가 매우 낮은 수준이고 자산에서 금융자산이 차지하는 비중이 매우 낮으므로 자산불평등의 수준이 낮은 편으로 나타나고 있다.

한국이나 이탈리아, 스페인, 그리스 등에서 자산불평등이 낮게 나오는 또 하나의 가능성은 상위계층의 자산이 제대로 파악되지 않거나 상위계층이 표본에 대표성 있게 포함되지 못했기 때문일 것으로 추측할 수 있다. 다만, 이 경우는 통계나 자료로 확인이 어렵다는 문제가 있다.

OECD Wealth Distribution Database에 포함되어 있는 18개 OECD국가는 대체로 순자산 상위 10%가 전체 자산의 절반 정도를 차지하고 있고, 그 다음 50%가 나머지 절반을 차지하며 하위 40%는 3% 정도만 가지는 것으로 나타난다(OECD, 2015). 자산 상위 1%의 점유율은 소득 상위 10%의 점유율과 유사하다. 〈그림 2.1〉은 총자산에서 부채를 제외한 순자산을 기준으로 상위 10%, 5%, 1%의 점유율을 국가 간 비교한 것이다. 한국의 경우, 2013년을 기준으로 45.0%, 31.3%, 13.3%로 유럽의 복지국가들이나 미국에 비해 낮은 편이고,

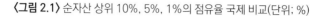

〈그림 2.1〉 순자산 상위 10%, 5%, 1%의 점유율 국제 비교(단위; %)

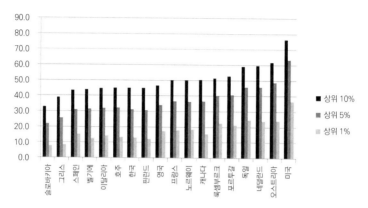

자료: https://stats.oecd.org/Index.aspx?DataSetCode=WEALTH, 한국은 2013년
『가계금융복지조사』(통계청) 자료에서 계산.
주: 호주, 캐나다, 노르웨이, 영국 등은 2011년 자료.

스페인, 이탈리아 등과 유사한 수준을 나타내고 있다. 특히 미국의 자
산불평등은 가장 높은 수준으로 2010년 기준 상위 10%의 순자산점
유율이 76.4%에 달한다.

한편 OECD국가의 평균순자산은 중위순자산의 2.5배 정도이다.
미국은 7배, 네덜란드와 독일, 오스트리아 역시 약 4배에 달한다.
한국은 2013년 기준 1.85 수준으로 상대적으로 낮은 편이다(〈그림
2.2〉).

〈그림 2.2〉 순자산의 평균값 대비 중위값의 비율 국제 비교(2010)

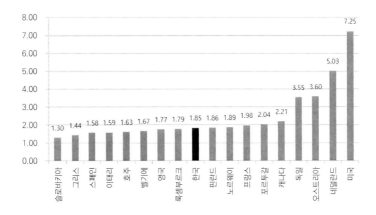

자료, 주: 〈그림 2.1〉과 동일.

한국의 자산불평등 추이

그동안 한국의 경우는 자산에 대한 조사가 제대로 이루어지지 않았고, 그 결과 관련 연구 역시 매우 제한적이었다. 1988년에 한국개발연구원(KDI)에서 실시한 가구조사에 따르면 한국의 자산 상위 점유율이 43%(상위 5% 점유율은 31%, 상위 1% 점유율은 14%)로 조사되었으며, 대우경제연구소의『가계경제활동패널조사』(이하『대우패널조사』)에서 1993-1998년까지 자산에 대한 조사를 집행하였다. 1997년부터 한국노동연구원이『한국노동패널조사』를 시행하면서 가계의 자산에 대한 조사가 이루어졌다. 그 이후 통계청이 2000년『가계소비실태조사』, 2006년『가계자산조사』등에서 부분적으로 자산 조사를 수행했다. 또한, 한국조세연구원에서 2008년부터 시행한『재정패널조사』에서도 가계 수준의 자산에 대한 조사가 이뤄지고 있다. 그러나 국제적인 기준으로 가계의 자산에 대해 체계적인 조사가 시행된 것은 통계청과 한국은행이 공동으로 추진한 2010~2012년『가계금융조사』의 준비 단계를 거쳐 2013년부터 본격적으로 조사되고 있는『가계금융복지조사』라고 할 수 있다. 이 절에서는 이러한 자료를 종합하여 한국의 가계 자산불평등의 추이를 검토해보고자 한다. 물론 각 자료마다 자산에 대한 정의와 조사항목 등에서 차이가 있으나 통계청의『가계금융복지조사』의 자산기준(〈부표 2.2〉)에 최대한 일치시키는 방식으로 추정하였다.

〈그림 2.3〉은 이러한 기준에 근거하여 1993년부터 2014년까지의 순자산과 총자산의 지니계수를 보여준다. 대우패널1은 이정우·이성립(2001)이『대우패널조사』를 활용하여 추정한 수치이고, 대우패널2는 김진영(2002)이 금융자산과 부동산자산의 합을 총자산으로 보고 계산한 것이다. 노동패널1은 필자가『한국노동패널조사』을 활용하여 직접 추정한 수치이며, 노동패널2는 남상호 외(2008)가 같은 자료를 가지고 2005년까지 추정한 수치이다.

한국 자산불평등의 전반적인 추세를 보면 외환위기를 거치면서 자산불평등이 크게 증가하였고, 적어도 2005-06년까지는 증가 추세가 유지되다가 그 이후 감소하는 것으로 조사된다.1 순자산의 지니계수는 1993년 0.571에서 1996년까지 0.570까지 변화가 없다가 1997

---

1 남상섭(2008)은 2001년 가계소비실태조사 2006년 가계자산조사 등을 활용하여 순자산의 지니계수를 추정하였는데, 각각, 2000년 0.6293, 2006년 0.6603 등으로 추정하였다.

〈그림 2.3〉 한국 자산불평등 주요 지표의 추이

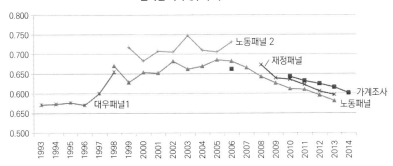

순자산 지니계수 추이

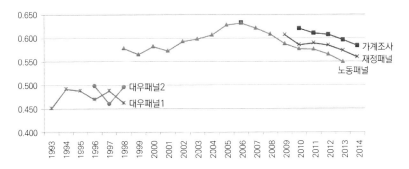

총자산 지니계수 추이

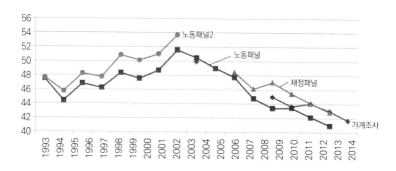

상위 10% 순자산 점유율(%)

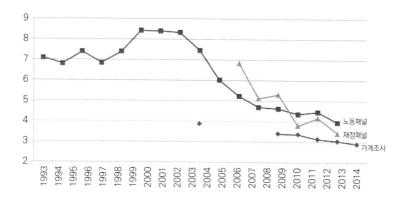

순자산이 (−)추이인 가구의 자산 추이(%)

〈그림 2.3〉 한국 자산불평등 주요 지표의 추이(계속)

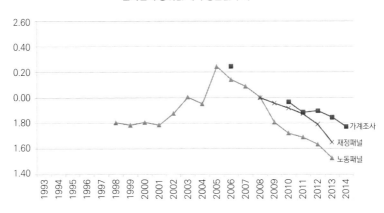

순자산의 중위값 대비 평균값 추이

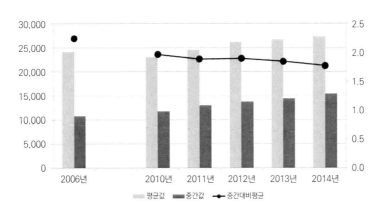

순자산의 평균값, 중위값 비율

자료: 통계청, 가계자산조사(2006)와 『가계금융복지조사』(2010-2014년); 한국조세연구원,
『재정패널』; 한국노동연구원, 노동패널
주: 노동패널2 는 황현일(2009)에서 계산한 것임.

년 0.600, 1998년 0.665(『한국노동패널조사』에서는 0.671)로 급증한다. 이후 2006년 0.686으로 증가했다가 2013년 0.582로 감소하였다. 『재정패널』이나『가계금융복지조사』결과도 수준은 약간 높지만 추세는 유사하게 나타나고 있다. 이는 총자산을 기준으로 해서 보거나 총자산이 (-)인 가구의 비중, 상위 10%의 자산점유율, 중간값 대비 평균값 등의 지표로 보아도 비슷한 추세가 확인된다.

2006년 이후 자산불평등이 감소한 이유에 대해서는 아직 충분한 설명이 이루어지지 않고 있으나 부동산을 비롯한 실물자산과 주식 등과 같은 금융자산 가격의 안정화가 큰 영향을 미쳤을 것으로 추정된다.

자산의 구성

한국은 실물자산의 비중이 매우 높은 것으로 알려져 있지만 OECD 18개국과 비교했을 때 실물자산의 비중은 OECD 평균(72.2%)보다 약간 높은 수준인 73.3%로 나타나고 있다. 이는 그리스가 88.3%에 달하고 스페인이나 이탈리아의 경우 80%를 넘는 것과 대조된다. 실물자산의 비중이 가장 낮은 국가는 미국으로 48.5%에 불과하고 금융자산의 비중이 51.5%나 된다. 핀란드 역시 81.7%에 육박하고 노르웨이도 73.2%에 달한다.

『한국노동패널조사』자료를 통해 보면 실물자산의 비중은 2007년에 86.7%로 가장 높은 수치를 나타냈으나 그 이후 감소하는 추세로 나타나고 있다. 이는 부동산 가격이 2006년까지 증가했던 영향을 반

〈표 2.2〉 각 국의 자산구성 및 부채(총자산 대비 비중, 단위 %)

	OECD 18	한국	그리스	이탈리아	스페인	네덜란드	영국	프랑스	독일	노르웨이	핀란드	호주	캐나다	미국
비금융자산 (실물자산)	72.2	73.3	88.3	81.7	80.7	71.2	79.7	72.2	65.8	73.2	81.7	59.1	62.9	48.5
거주주택	49.6	36.3	55.9	60.8	53.9	61.3	54.8	47.6	40.9	60.9	54.6	43.7	43.1	31.5
기타부동산	17.2	31.4	27.8	16.4	23.7	6.4	9.3	20.0	20.5	10.2	22.4	10.9	12.3	12.8
자동차	3.2	2.5	4.3	3.0	2.6	2.9	2.3	..	3.3	2.1	4.7	3.5	3.3	3.4
기타 비금융자산	4.5	3.0	0.3	1.5	0.4	0.6	13.3	4.7	1.0	0.1	0.0	1.1	4.1	0.8
금융자산	27.8	26.7	11.7	18.3	19.3	28.8	20.3	27.8	34.2	26.8	18.3	40.9	37.1	51.5
부채	15.6	17.9	7.5	4.1	10.1	32.5	15.7	9.6	12.2	36.2	18.4	5.9	14.0	18.7
거주주택 담보대출	9.0	4.1	4.5	2.7	6.1	25.0	12.1	5.0	7.1	..	13.2	4.3	10.9	13.0
기타 부동산대출	2.0	1.8	1.3	0.3	2.6	2.0	2.2	2.3	3.5	..	..	0.7	2.8	2.9
기타부채	3.0	12.0	1.6	1.1	1.4	5.5	1.5	2.4	1.5	..	5.1	1.0	0.3	2.8

자료: OECD(2015), http://dx.doi.org/10.1787/888933209098; 한국은 2013년 「가계금융복지조사」(통계청) 결과에 기초.

〈그림 2.4〉 총자산 대비 실물자산 비중 추이(단위; %)

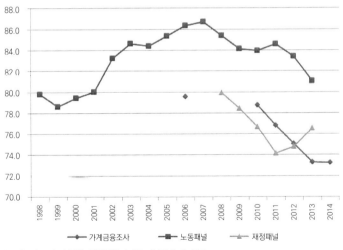

자료: 〈그림 2.3〉과 동일. 구체적인 수치는 〈부표 2.4〉 참조.

〈**그림 2.5**〉 순자산 분위별 자산 구성(2014)

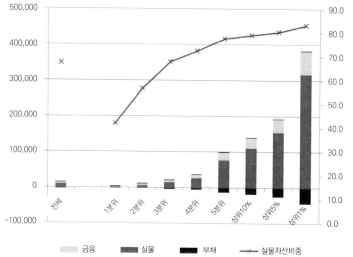

자료: 통계청, 『가계금융복지조사』 2014년. 구체적인 수치는 〈부표 2.5〉 참조.

영한 것으로 보인다.

　한편 『가계금융복지조사』 2014년 자료를 가지고 순자산 계층별로
자산구성을 볼 경우(〈그림 2.5〉), 상위층으로 갈수록 실물자산의 비중
이 더 높아지는 것으로 보인다. 상위 10%의 실물자산 비중은 78.9%,
상위 5%는 80.2%, 상위 1%는 83.2%로 나타나고 있다. 순자산 상위
층일수록 주로 부동산을 중심으로 자산으로 축적한 것을 파악할 수
있다.

〈그림 2.6〉 가계부채 규모와 GDP대비 가계부채 비중 추이

(단위: 조 원, %)

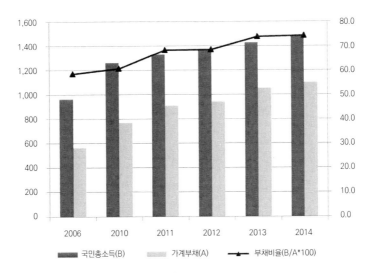

자료: 〈그림 2.5〉 와 동일. 구체적인 수치는 〈부표 2.6〉 참조.

자산과 부채

앞의 〈표 2.2〉에서 보면, 총자산 대비 부채비율은 한국의 경우 17.9%로 OECD 18개국 평균인 15.6%에 비해 약간 높은 편이다. 그리스, 이탈리아, 스페인 등과 같은 남유럽 국가는 총자산 대비 부채비율이 낮은 반면 네덜란드나 노르웨이의 부채비율이 매우 높은 것을 알 수 있다. 미국 역시 18.7%로 평균 이상으로 높은 편이다. 부채비율이 높은 것은 2000년대 이후 주택가격의 상승과 밀접한 관련이 있다. 예를 들어, 노르웨이의 주택가격은 2000년부터 2013년까지 85% 가량 상승하였고 가처분소득 대비 부채비율이 200%에 달한다(OECD,

2014; OECD Economic Survey of Norway, 2014).

다만 한국의 경우, 2006년 이후에 주택가격 상승세가 둔화되었음에도 가계부채의 규모나 심화의 정도를 보면 불안정성이 증가하고 있는 것으로 보인다. 〈그림 2.6〉에서 볼 때, 한국의 가계부채는 2014년에 1,103조 원에 달하고 국민총소득 대비 74.2%로 매우 높은 편이다. 이 비율은 2006년 58.7%, 2010년 60.8%에서 빠르게 증가한 것이다.

또한, 부채가 특정 가구에 집중되어 있을 때, 부채가구는 자산가격의 변동에 노출될 수 있고, 전체 경제시스템도 취약해질 수 있다. OECD에서는 자산 대비 부채비율(DTA)이 75% 이상인 가구, 가처분소득의 3배 이상의 부채를 가진 가구2 등을 과잉부채(over-indebtedness) 가구로 정의하고 과잉부채가구 비율을 이러한 부채의 불안정성과 취약함을 보여주는 지표로 활용하고 있다.

한국의 경우 전체 가구에서 부채를 가지고 있는 가구의 비율은 72.3%로 OECD 18개국 평균 51.6%에 비해서 높은 편이다. 노르웨이, 미국, 오스트리아 등을 제외하고는 가장 높은 수치이다(〈그림 2.7〉). 한국은 자산 대비 부채비율이 75% 이상인 가구 비율은 OECD 평균 9.5%에 비해 4.7%로 낮은 편이다. 그러나 가처분소득 대비 부채비율인 DTI(debt to income)가 소득기준의 3배를 넘는 고부채가구 비중은 23.5%에 달하여 매우 높다. 네덜란드는 35.2%로 가장 높은

---

2 DTI가 3배에 이르면 14년 간 원금분할상환, 금리 7.5%라는 가정 하에 가처분소득 대비 원리금상환비율(DSR)이 초기 수년간 40%에 달해 은행대출 시 고려되는 DSR 임계치에 이르는 것으로 추정되어DTI 3배를 고부채 가구의 기준으로 삼기로 한다(김현정·김우영, 2009).

<그림 2.7> 부채가구 비율과 과잉부채가구 비율의 국제 비교

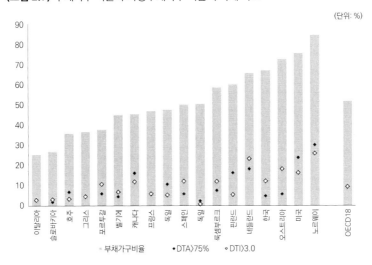

자료: OECD(2015: 2015); 한국 데이터는 『가계금융복지조사』 2013년 자료로 수정.

<그림 2.8> 부채가구 중 가처분소득 대비 순자산비율이 3인 이상인 가구 비율의 국제 비교

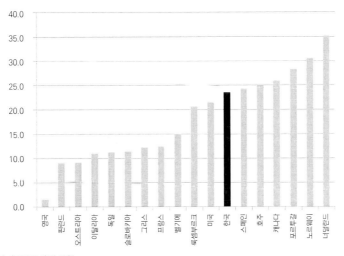

자료: 〈그림 2.1〉과 동일.

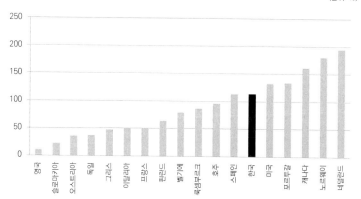

〈그림 2.9〉 가처분소득 대비 부채 비율(DTI)의 중위값, 국제 비교

(단위: %)

자료: 〈그림 2.1〉과 동일.

비율을 보이지만 한국 역시 높은 수준에 속한다(〈그림 2.8〉).

한편, 부채의 심화 정도를 나타내는 또 하나의 지표가 소득 대비 부채 비율(Debt to Income Ratio)의 중위값이다. 한국은 2014년에 113.6%로 상당히 높은 편에 속했다. OECD 18개국의 총가구부채는 가구소득의 평균 94%이다. 영국은 11%에 불과하지만 미국, 캐나다, 노르웨이 등은 높은 수준을 보이고, 특히 네덜란드는 200%에 가깝다. 한국보다 높은 국가로는 미국, 포르투갈, 캐나다, 노르웨이, 네덜란드 정도이다. 소득기준으로 볼 때 한국의 과잉부채 문제는 OECD 평균 수준 이상이라고 할 수 있을 것이다.

OECD 국가들은 신용시장에 대한 접근성이 제한되어 있으므로 과잉부채 가구의 대다수는 중산층(2, 3, 4분위)에 집중되는 경향이 있다. 우선, 모든 국가에서 부채가구 비중은 소득이 증가함에 따라서 증가

〈그림 2.10〉 가처분소득 분위별 부채가구 비율과 과잉부채가구 비율

(단위: %)

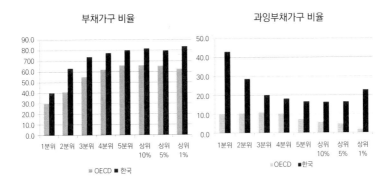

자료: OECD(2015: 270); 한국 데이터는 『가계금융복지조사』(통계청) 2014년 자료에서 계산.
주: 구체적 수치는 〈부표 2.8〉 참조.

한다. 소득 하위 5분위의 경우에 부채가구 비율은 1/3, 소득상위 1분위의 경우에 부채가구 비율은 2/3 정도이다. 그러나 한국은 하위 5분위의 경우 부채가구 비율이 40%에 달하고, 상위 5분위는 80%에 달해 전반적으로 높다. 또한, 부채가구 중에서 가처분소득 대비 부채비율이 3 이상인 과잉부채가구의 비율은 OECD 국가들 대부분이 2, 3, 4분위의 중산층에서 상대적으로 높게 나타나는 반면 한국은 과잉부채가구의 비율이 가처분소득 하위 1, 2분위에서 매우 높게 나타나고 있다. 하위 1분위의 과잉부채가구 비율이 43.0%에 달하고 하위 2분위의 경우에도 28.6%에 달한다. 이는 한국의 자산-부채 구조가 매우 불안정하다는 점을 보여준다.

〈부표 2.1〉 가구자산에서 미시자료와 거시자료의 비율(2010년 이후 최근 자료)

	비금융자산	금융자산	부채	순자산
호주	1.0	..	0.7	1.4
오스트리아	1.1	0.4	0.4	0.9
벨기에	1.2	0.6	0.8	0.9
캐나다	1.3	0.9	0.6	1.3
핀랜드	1.0	0.4	0.9	0.8
프랑스	0.7	0.8	0.5	0.7
독일	0.8	0.4	0.7	0.7
그리스	..	0.3	0.3	..
이태리	1.0	0.2	0.4	0.8
한국	0.9	0.6	0.9	0.8
룩셈부르크	..	0.4	0.7	..
네델란드	0.8	0.8	1.0	0.8
노르웨이	..	1	1.0	..
포르투갈	..	0.5	0.4	..
슬로바키아	0.8	0.4	0.4	0.8
스페인	0.8	0.4	0.6	0.8
영국	1.2	0.7	0.7	1.2
미국	1.1	1	0.9	1.1
OECD 17	1.0	0.6	0.6	0.9

자료: OECD(2015: 245), 한국의 경우 국민대차대조표(통계청)과 『가계금융복지조사』(통계청) 원자료에서 계산.

〈부표 2.2〉『가계금융복지조사』의 자산관련 분류표(통계청)

대분류	중분류	세분류	세세분류	세부항목
자산액	금융자산	저축액	적립식	- 현금과 입출금이 자유로운 저축(당좌수표 포함) - 적립식 저축 및 펀드 - 저축성 보험 - 만기시 일정금액을 수령하는 보장성 보험
			예치식	- 예치식 저축 및 펀드 - 주식, 채권, 선물, 옵션 등
			기타저축	- 권리금 - 빌려준 돈, 낸 곗돈
		전·월세보증금	전세보증금	- 전세보증금
			월세보증금	- 월세보증금
	실물자산	부동산	거주주택	- 단독, 아파트, 연립 및 다세대, 기타
			거주주택 이외 부동산	- 단독, 아파트, 연립 및 다세대, 건물, 토지, 해외 부동산, 기타 부동산
			계약금 - 중도금	- 단독, 아파트, 연립 및 다세대, 건물, 토지, 해외 부동산, 기타 부동산
		기타 실물자산	자동차	- 자동차
			자동차 이외 기타 실물자산	- 자영업자 설비 및 재고자산, 건설 및 농업용 장비, 동물 및 식물, 골프회원권, 콘도회원권, 귀금속, 골동품 또는 예술품, 고가 내구재(현재 시가 300만원 이상), 기타(지적재산권, 특허권 등의 무형자산, 오토바이, 기타 회원권 등)
부채액	금융부채		담보대출	- 거주주택 담보, 거주주택 이외 부동산 담보, 예금·적금보험·펀드·채권 담보, 기타(전세권, 보증서, 자동차 등) 담보
			신용대출	- 마이너스통장 포함
			신용카드 관련 대출	- 현금서비스, 카드론, 대환대출 등
			외상 및 할부	- 외상, 할부, 카드 선포인트 할부 등 미결제 잔액 (일시불 신용카드 미결제액 제외)
			기타부채	- 곗돈을 탄 후 낼 금액
	임대보증금		거주주택 임대	- 거주주택의 일부를 임대
			거주주택 이외 임대	- 거주주택 이외 주택이나 건물, 토지 임대
순자산 = 자산액 - 부채액				
가구소득 (경상소득)	근로소득, 사업소득, 재산소득, 공적 이전소득, 사적 이전소득			
비소비지출	세금, 공적연금 및 사회보험료, 가구 간 이전, 비영리단체 이전, 이자비용 등			
처분가능소득	경상소득 - 비소비지출			

〈부표 2.3〉『재정패널』조사의 자산관련 분류표

분류	변수
금융자산	은행 등 금융기관 예적금
	펀드 가입 금액
	채권 보유 금액
	주식 보유 금액
	저축성 보험, 연금성 보험
	빌려준 돈
	기타 금융자산
	작년 한 해 주택마련저축 또는 주택마련펀드 불입한 금액
	보증금액: 전세및월세의보증금(총액)
부동산자산	시가총액 – 현재 거주주택
	현재 거주주택 외 보유주택
	주택 이외의 보유 부동산 총액(토지, 건물)
	보유 회원권(골프, 콘도 등)
	농기계, 가축
	선박, 건설중장비
	귀금속
	기타 자산
부채	정부지원 주택자금 대출
	학자금 대출
	금융기관 주택담보 대출
	금융기관 대출
	신용카드 관련 대출
	세입자에게 돌려주어야 할 전세금, 임대보증금
	기타

〈부표 2.4〉 순자산 상위 10%, 5%, 1%의 점유율 국제 비교(〈그림 2.1〉)

	상위 10%	상위 5%	상위 1%
그리스	38.8	25.6	8.5
네덜란드	59.6	45.8	23.9
노르웨이	50.1	36.2	18.5
독일	59.2	45.7	24.5
룩셈부르크	51.4	40.2	22.4
미국	76.4	63.3	36.6
벨기에	44.1	31.4	12.6
스페인	43.5	31.0	15.2
슬로바키아	32.9	21.9	7.9
영국	46.6	34.2	17.5
오스트리아	61.7	48.7	24.0
이탈리아	44.8	32.1	14.3
캐나다	50.3	36.5	15.5
포르투갈	52.7	40.9	21.3
프랑스	50.0	36.6	18.0
핀란드	45.0	30.6	12.4
한국	45.0	31.3	13.1
호주	44.9	32.2	13.3

자료: 〈그림 2.1〉과 동일

⟨부표 2.5⟩ 순자산의 평균값 대비 중위값의 비율 국제 비교(⟨그림 2.2⟩)

국가	평균/중위값
그리스	1.44
네델란드	5.03
노르웨이	1.89
독일	3.55
룩셈부르크	1.79
미국	7.25
벨기에	1.67
스페인	1.58
슬로바키아	1.30
영국	1.77
오스트리아	3.60
이태리	1.59
캐나다	2.21
포르투갈	2.04
프랑스	1.98
핀랜드	1.86
한국	1.85
호주	1.63

자료: ⟨그림 2.2⟩와 동일.

〈**부표 2.6**〉 한국 자산불평등 주요 지표의 추이: 순자산 지니계수 추이(〈그림 2.3〉)

	가계조사	노동패널	재정패널	대우패널1)	노동패널(남 상호)
1993				0.571	
1994				0.573	
1995				0.577	
1996				0.570	
1997				0.600	
1998		0.671		0.655	
1999		0.629			0.717
2000		0.654			0.683
2001		0.652			0.707
2002		0.682			0.706
2003		0.662			0.747
2004		0.670			0.710
2005		0.686			0.705
2006	0.6619	0.682			0.731
2007		0.666			
2008		0.643	0.673		
2009		0.626	0.639		
2010	0.6434	0.612	0.636		
2011	0.6325	0.610	0.622		
2012	0.6249	0.596	0.606		
2013	0.6157	0.582	0.597		
2014	0.6014				

자료. 〈그림 2.3〉 순자산 지니계수 추이와 동일.

〈부표 2.7〉 한국 자산불평등 주요 지표의 추이: 총자산 지니계수 추이(〈그림 2.3〉)

	가계조사	노동패널	재정패널	대우패널1)	대우패널2)
1993				0.451	
1994				0.492	
1995				0.488	
1996				0.470	0.499
1997				0.488	0.461
1998		0.578		0.462	0.496
1999		0.566			
2000		0.582			
2001		0.573			
2002		0.593			
2003		0.598			
2004		0.607			
2005		0.628			
2006	0.6336	0.632			
2007		0.621			
2008		0.608			
2009		0.588	0.606		
2010	0.6204	0.577	0.586		
2011	0.6103	0.576	0.589		
2012	0.6075	0.565	0.585		
2013	0.5962	0.549	0.573		
2014	0.5839		0.559		

자료: 〈그림 2.3〉 총자산 지니계수 추이와 동일.

〈부표 2.8〉 한국 자산불평등 주요 지표의 추이: 상위 10% 점유율(〈그림 2.3〉)

	가계조사	노동패널 1	재정패널	대우패널 1)	대우패널 2)	노동패널 2
1988				43		
1993				68		
1998		47.5				47.67
1999		44.4				45.77
2000		46.9				48.25
2001		46.2				47.77
2002		48.3				50.84
2003		47.6				50.12
2004		48.7				50.98
2005		51.6				53.68
2006	49.9	50.5				
2007		49.0				
2008		47.7	48.4			
2009		44.8	46.1			
2010	45.0	43.4	47.0			
2011	43.6	43.4	45.4			
2012	44.0	42.1	44.1			
2013	43.0	40.9	42.8			
2014	41.6					

자료: 〈그림 2.3〉 상위 10% 점유율과 동일.

〈부표 2.9〉 한국 자산불평등 주요 지표의 추이: 순자산이 (−)추이인 가구의 자산 추이(〈그림 2.3〉)

	가계조사	노동패널	재정패널	대우패널1)	대우패널2)
1998		7.1			
1999		6.8			
2000		7.4			
2001		6.8			
2002		7.4			
2003		8.4			
2004		8.4			
2005		8.3			
2006	3.9	7.5			
2007		6.0			
2008		5.2	6.8		
2009		4.7	5.1		
2010	3.4	4.6	5.3		
2011	3.4	4.4	3.8		
2012	3.1	4.5	4.2		
2013	3.0	4.0	3.4		
2014	2.9				

자료: 〈그림2.3〉 순자산이 (−)추이인 가구의 자산 추이와 동일.

〈부표 2.10〉 한국 자산불평등 주요 지표의 추이: 순자산의 중위값 대비 평균값 추이
(〈그림 2.3〉)

가계조사	노동패널	재정패널	대우패널1)	대우패널2)	노동패널(남상호)
	1.8				
	1.8				
	1.8				
	1.8				
	1.9				
	2.0				
	2.0				
	2.2				
2.2	2.1				
	2.1				
	2.0	2.0			
	1.8	2.0			
2.0	1.7	1.9			
1.9	1.7	1.9			
1.9	1.6	1.8			
1.8	1.5	1.6			
1.8					

자료: 〈그림 2.3〉 순자산의 중위값 대비 평균값 추이와 동일.

〈부표 2.11〉 한국 자산불평등 주요 지표의 추이: 순자산의 평균값, 중위값 비율(〈그림 2.3〉)

2006년	2010년	2011년	2012년	2013년	2014년
24,164	23,066	24,560	26,203	26,738	27,370
10,764	11,724	13,026	13,818	14,492	15,453
2.2	2.0	1.9	1.9	1.8	1.8

자료: 〈그림 2.3〉 순자산의 평균값, 중위값 비율과 동일.

〈부표 2.12〉 총자산 대비 실물자산 비중 추이(〈그림 2.4〉)

(단위: %)

	가계금융조사	노동패널	재정패널
1998		79.8	
1999		78.6	
2000		79.4	
2001		80	
2002		83.2	
2003		84.6	
2004		84.4	
2005		85.4	
2006	79.6	86.3	
2007		86.7	
2008		85.4	80
2009		84.1	78.5
2010	78.7	84	76.7
2011	76.8	84.6	74.2
2012	75.1	83.4	74.8
2013	73.3	81.1	76.6
2014	73.2		

자료: 〈그림 2.4〉와 동일.

〈부표 2.13〉 순자산 분위별 자산 구성(2014년, 〈그림 2.5〉)

(단위: 만 원, %)

	총자산	실물	금융	부채	순자산	실물자산 비중	부채비율
전체	33,364	24,433	8,931	-5,994	27,370	73.2	18.0
1분위	2,844	1,188	1,657	-2,010	834	41.8	70.7
2분위	10,034	5,668	4,366	-2,824	7,211	56.5	28.1
3분위	20,265	13,720	6,546	-4,599	15,666	67.7	22.7
4분위	35,449	25,607	9,842	-6,452	28,997	72.2	18.2
5분위	98,229	75,982	22,246	-14,086	84,143	77.4	14.3
상위10%	139,126	109,752	29,374	-19,515	119,611	78.9	14.0
상위5%	191,622	153,621	38,001	-25,354	166,268	80.2	13.2
상위1%	381,573	317,289	64,284	-42,142	339,431	83.2	11.0

자료: 〈그림 2.5〉와 동일.

〈부표 2.14〉 가계부채 규모와 GDP대비 가계부채 비중 추이(〈그림 2.6〉)

(단위: 조 원, %)

	2006	2010	2011	2012	2013	2014
국민총소득(B)	966	1,265	1,333	1,377	1,429	1,485
가계부채(A)	567	769	911	946	1,056	1,103
부채비율(B/A100)	58.7	60.8	68.3	68.7	73.8	74.2

자료: 〈그림 2.6〉과 동일.

〈부표 2.15〉 부채가구 비율과 과잉부채가구 비율의 국제 비교(〈그림 2.7〉)

	부채가구비율	DTA〉75%	DTI〉3.0
이탈리아	25.2	2.4	2.8
슬로바키아	26.8	1.7	3.1
호주	35.6	6.7	3.3
그리스	36.6	4.2	4.5
포르투갈	37.7	5.8	10.6
벨기에	44.8	4.4	6.7
캐나다	45.4	15.9	11.8
프랑스	46.8	6.2	5.8
독일	47.4	10.4	5.3
스페인	50.0	5.6	12.1
독일	50.3	2.3	0.8
룩셈부르크	58.3	7.5	12.0
핀란드	59.8	16.0	5.4
네덜란드	65.6	17.9	23.1
한국	66.9	4.7	12.1
오스트리아	72.3	5.6	18.0
미국	75.2	23.6	16.2
노르웨이	84.3	29.9	25.7
OECD18	51.6	9.5	9.3

자료: 〈그림 2.7〉과 동일.

〈부표 2.16〉 부채가구 중 가처분소득 대비 순자산비율이 3인 이상인 가구 비율의 국제 비교(2014, 〈그림 2.8〉)

영국	1.5
핀란드	9.0
오스트리아	9.2
이탈리아	11.0
독일	11.3
슬로바키아	11.4
그리스	12.2
프랑스	12.4
벨기에	15.0
룩셈부르크	20.6
미국	21.5
한국	23.5
스페인	24.3
호주	24.9
캐나다	25.9
포르투갈	28.2
노르웨이	30.5
네덜란드	35.2

자료: 〈그림 2.8〉과 동일.

〈부표 2.17〉 가처분소득 대비 부채 비율(DTI)의 중위값, 국제 비교(2014, 〈그림 2.9〉)

	가처분소득 대비 부채비율 중위값
영국	11.0
슬로바키아	22.7
오스트리아	35.6
독일	37.3
그리스	47.2
이탈리아	50.3
프랑스	50.4
핀란드	64.3
벨기에	79.8
룩셈부르크	86.9
호주	96.2
스페인	113.5
한국	113.6
미국	132.8
포르투갈	134.0
캐나다	161.0
노르웨이	180.0
네덜란드	194.1

자료: 〈그림 2.9〉와 동일.

〈**부표 2.18**〉 가처분소득 분위별 부채가구 비율과 과잉부채가구 비율(〈그림 2.10〉)

(단위: %)

	부채가구비율		과잉부채가구 비율(DTI 기준)	
	OECD	한국	OECD	한국
1분위	29.8	40.1	9.9	43.0
2분위	40.9	63.1	10.4	28.6
3분위	55.2	74.0	10.9	20.1
4분위	62.0	77.5	10.3	18.2
5분위	65.8	79.9	7.3	16.6
상위 10%	65.7	81.6	5.6	16.3
상위 5%	65.2	79.6	4.7	16.4
상위 1%	62.5	83.6	1.9	22.8

자료: 〈그림 2.10〉과 동일.

〈부표 2.19〉 통계청 조사에 기초한 가계자산에 관한 기초통계

(단위: 수, 만 원)

	2006년	2010년	2011년	2012년	2013년	2014년
표본수	8,275	10,000	10,517	19,744	18,596	17,863
가구수	14,351,735	16,648,372	17,499,491	17,883,651	18,141,231	18,393,716
총자산	28,112	27,684	29,765	31,495	32,557	33,364
순자산	24,164	23,066	24,560	26,203	26,738	27,370
실물자산	22,368	21,798	22,862	23,639	23,856	24,433
부동산	21,604	21,018	21,907	22,023	22,060	22,627
기타실물자산	763	780	955	1,616	1,796	1,806
금융자산	5,745	5,886	6,903	7,855	8,700	8,931
저축액	4,570	4,143	5,023	5,641	6,343	6,596
거주지전월세보증금	1,175	1,743	1,880	2,215	2,357	2,335
부채	3,948	4,618	5,205	5,291	5,818	5,994
금융부채	2,881	3,151	3,597	3,599	3,967	4,095
임대보증금	1,067	1,468	1,608	1,693	1,852	1,900
가처분소득	-	3,047	3,283	3,474	3,645	3,833
경상소득	3,213	3,773	4,012	4,233	4,475	4,676

자료: 통계청, 가계자산조사(2006)과 『가계금융복지조사』(2010-2014년).

한국의 교육불평등 구조

교육을 일컬어 백년지대계(百年之大計)라고 한다. 교육은 먼 미래까지 내다보고 세워야 하는 큰 계획이란 뜻이다. 교육을 통한 인적자본의 형성은 한국의 고도성장을 뒷받침했던 요인들 중 하나임에 틀림없다. 한국에서 교육은 계층이동의 기제로 작동해왔으며, 세계적으로 널리 알려진 교육열(education fever)은 한국인들의 교육에 대한 열망이 투영된 것임과 동시에, 교육이 개인의 사회경제적 지위를 가름하는 중요한 척도로 기능해왔음을 의미하는 것이기도 하다. '학력사회'가 한국사회의 특징을 설명하는 용어가 된 데에는 이러한 사정이 반영되어 있다. 그러나 한국 교육의 빛 이면에는 불평등의 확산이라는 그림자가 드리워져 있음을 부인할 수 없다.

교육불평등은 〈그림 3.1〉과 같이 세 가지 차원으로 구별된다. 첫째는 교육 자체의 불평등으로서 교육기회의 불평등과 학업성취도의 격차다. 둘째는 교육의 성과 차원에서 학업성취도에 따라 달라지는 상급학교 진학 및 사회진출의 불평등이다. 셋째는 교육에 따른 세대 간 계층이동이다.

〈그림 3.1〉 한국의 교육불평등 구조

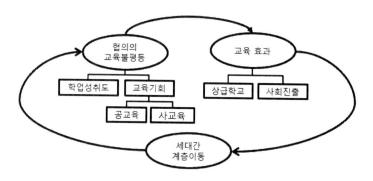

첫째, 좁은 의미의 교육불평등은 교육기회와 학업성취도로 구성된다. 평등이 기회균등과 결과의 평등으로 구별된다면, 균등한 교육기회는 기회균등의 차원을, 학업성취도는 결과의 평등을 의미한다. 교육기회는 다시 공교육과 사교육(shadow education)으로 구별된다. 한국에서 교육기회의 불평등은 공교육이 아니라 주로 사교육에서 비롯된다는 것은 익히 알려진 사실이다. 불균등한 교육기회는 직접적으로 학업성취도로 연결된다. 물론 학업성취도는 기본적으로 개인의 학습역량에 달려 있다. 그러나 학업성취도가 개인의 학습역량 이외에 부모의 사회경제적 지위와 같은 학생 외부의 요인에 크게 영향을 받는다면 기회의 불평등은 결과의 불평등으로 이어지게 된다.

둘째, 교육불평등은 진학과 사회진출이라는 두 가지 경로를 통해 발생한다. 중학교에서 고등학교, 고등학교에서 대학으로의 진학 여부와 진학하게 되는 학교의 수준은 한국의 학생들에게 있어 인생의 성패를 가르는 중요한 길목임은 두말할 필요가 없다. 또한 출신학교에 따라 노동시장에 진출하는 패턴이 다르다는 것은 널리 알려져 있다.

셋째, 한국의 불평등 구조에서 교육은 세대 간 계층이동에 영향을 준다는 점에서 교육불평등이 사회적 불평등으로 확대되는 주요한 교차로에 위치한다. 부유층 자녀가 높은 학업성취를 통해 유명한 학교에 들어간 후 고소득이 가능한 직장에 취업하고 다시 그들의 자녀가 같은 경로를 밟을 확률이 높다면, 교육에 의해 불평등이 재생산된다는 진단이 가능하다.

교육기회와 학업성취도

협의의 교육불평등은 다시 교육기회와 학업성취도 차원으로 나누어 볼 수 있다. 교육기회는 공교육에 의한 교육기회와 사교육에 의한 교육기회로 구별해볼 필요가 있다. 헌법 31조 1항은 "모든 국민은 능력에 따라 균등하게 교육받을 권리를 가진다"고 밝히고 있다. 한국은 의무교육을 확대해오면서 교육의 기회를 누구에게나 보장하고 있다. 〈표 3.1〉에서 보듯이, 중학교까지 취학률은 거의 100%에 이르고 2014년에 고등학교 취학률은 93.7%, 고등교육 취학

취학률
취학률은 국민이 얼마나 교육기회를 보장받고 있는지를 나타내는 지표로, 취학적령(5세~21세) 인구 대비 현재 학교에 재학 중인 인구의 비율을 의미한다. 즉, 취학률(%)=(해당연령 내 재적학생수/취학적령 인구)×100이다.

		1980	1985	1990	1995	2000	2005	2010	2011	2012	2013	2014
유치원	취학률	4.1	18.9	28.9	26.0	26.2	30.9	40.2	40.9	44	47.4	47.3
초등학교	취학률	97.7	-	100.5	98.2	97.2	98.8	99.2	99.1	98.6	97.2	96.4
	진학률	95.8	99.2	99.8	99.9	99.9	99.9	99.9	99.9	99.9	99.9	99.9
중학교	취학률	73.3	82.0	91.6	93.5	95.0	94.6	97.0	96.7	96.1	96.2	97.7
	진학률	84.5	90.7	95.7	98.5	99.6	99.7	99.7	99.7	99.7	99.7	99.7
고등학교	취학률	48.8	64.2	79.4	82.9	89.4	91.0	91.5	91.9	92.6	93.6	93.7
	진학률	27.2	36.4	33.2	51.4	68.0	82.1	79.0	72.5	71.3	70.7	70.9
고등교육 기관	취학률	11.4	22.9	23.6	36.0	52.5	65.2	70.1	68.4	68.4	68.7	68.2

자료: 한국교육개발원 교육통계분석자료집, 통계청 장래추계인구
주: 1. 1985년도 초등학교 취학률 자료는 초등학교 연령별 재적학생수 미비로 산출하지 못함
2. 취학률은 교육기본통계조사의 학생수와 통계청의 추계인구를 이용하여 산출됨
3. 고교졸업자의 대학진학률은 2010년까지는 대학합격자기준, 2011년부터는 대학등록자 기준

진학률
진학률은 특정 등급 학교의 전체 졸업자 중 상급 학교로 진학한 자의 비율을 의미한다. 예를 들어, 대학진학률은 고등학교를 졸업한 학생 총원 중에서 대학에 진학한 학생의 비율이다.

률은 68.2%에 도달했다. 특히 고등교육 취학률은 전 세계 최고 수준이다. 즉 한국의 교육기회에 대한 보편성은 이미 세계 최고수준에 이르렀다.

그러나 보편적 공교육의 이면에 가정의 경제력을 반영하는 사교육이 교육기회의 불평등을 낳고 있다. 전 세계에서 유례를 찾아보기 어려울 정도로 비정상적으로 몸집을 키우고 있는 사교육은 공교육이 제공하는 교육기회의 균등을 상쇄시키고 있다. 사교육 참여율은 〈그림 3.2〉에서 보이는 바와 같이 2007년 이래 초등학교는 80%대, 중학교는 70%대, 일반고는 50%후반에서 60%대에 이르고 있다. 즉, 학생 대다수가 사교육을 받고 있다.

방과 후 유형별 학습시간에 관한 국제 비교 연구 결과를 보더라도

<그림 3.2> 사교육 참여율

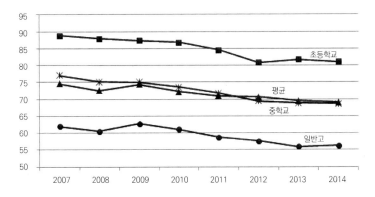

자료: 통계청, 사교육비 조사. 구체적인 수치는 <부표 3.1> 참조.

한국의 사교육은 도드라진다. 학원 등 상업목적의 교습소에서 이루어지는 학습 시간과 부모의 비용 지불을 통해 이루어지는 학습 시간의 평균 시간이 한국은 3.6시간인데, 한국 다음으로 그리스가 3시간으로 조사되었고 핀란드는 0.1시간, OECD 평균은 0.6시간이다. 반면, 교사가 낸 숙제에 할당하는 시간은 이탈리아가 8.7시간으로 가장길고 한국은 2.9시간에 불과하며 핀란드는 2.8시간이다. OECD 평균은 4.9시간이다.

학교성적 상위 10% 학생들이 일반교과 및 논술 관련 사교육에 참여하는 동기는 중학생의 경우 학교수업 보충, 선행학습, 진학 준비의 순으로 나타났고 고등학교는 진학 준비, 선행학습, 학교수업 보충 등 학업성적 향상을 위한 동기가 압도적으로 높은 비중을 차지하고 있다.

절대다수의 학생이 학업성적 향상을 위해 사교육을 받고 있지만 가구의 소득에 따라 사교육비 지출이 달라진다는 점에서 사교육이

	학교숙제	학습도우미	개인교습	사설기관	가족내 학습	컴퓨터 등
덴마크	4.3	0.9	0.2	0.1	1.0	0.7
핀란드	2.8	0.5	0.1	0.1	0.4	0.4
프랑스	5.1	1.0	0.4	0.2	0.9	0.9
독일	4.7	0.2	0.5	0.6	1.0	1.3
그리스	5.3	2.0	2.1	3.0	0.9	1.2
이탈리아	8.7	1.9	1.0	0.5	1.2	1.8
일본	3.8	0.8	0.1	0.6	0.3	0.1
한국	2.9	0.9	1.4	3.6	0.4	1.1
스페인	6.5	1.7	1.3	1.1	1.0	1.2
스웨덴	3.6	1.2	0.2	0.2	1.2	0.9
스위스	4.0	0.9	0.4	0.3	1.0	0.9
터키	4.2	2.1	1.3	1.9	1.7	2.3
영국	4.9	1.0	0.4	0.3	0.9	1.2
미국	6.1	1.5	0.4	0.3	1.2	1.2
OECD 평균	4.9	1.3	0.7	0.6	1.0	1.2

자료: OECD(2013, Table IV.3.27).

불평등을 낳는 첫 번째 경로라는 사실을 확인할 수 있다. 〈그림 3.4〉에서 나타나듯이, 가구의 소득이 높을수록 사교육에 지출하는 금액이 많아진다. 가계 소비지출 가운데 학원교육에 지출하는 비용은 2003년에 10만 5천 499원에서 2014년에는 17만 7천 65원으로 늘어났다. 그런데 2014년 현재 소득 10분위에 속하는 가구는 36만 2천 590원을, 1분위에 속하는 가구는 1만 9천 840원을 학원교육에 지출하여 소득에 따라 18배의 차이를 보였다.

사교육이 학업성적과 큰 관계가 없다면 소득의 불평등이 학업 성취도의 차이로 연결되지 않을 수 있지만, 사교육 정도와 학업성적은

〈그림 3.3〉 사교육 참여 동기

중학교

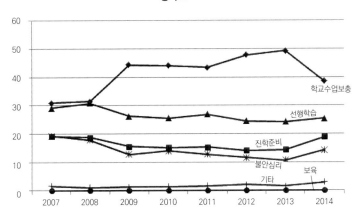

고등학교

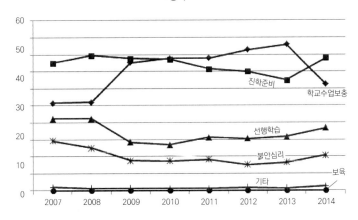

자료: 통계청, 사교육비 조사. 구체적인 수치는 〈부표 3.2〉 참조.

〈그림 3.4〉 소득분위별 사교육비

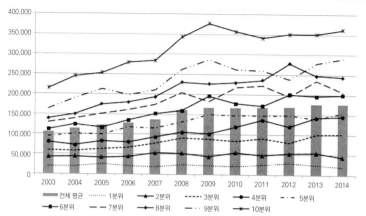

자료: 통계청, 가계동향조사(전국, 2인 이상 기준). 구체적인 수치는 〈부표 3.3〉 참조.
주: 2009년 소득 및 지출부문의 항목분류 개편으로, 「가계동향조사(신분류)」의 2008년 이전 자료는
「가계동향조사(구분류)」 자료와는 다소 차이가 있음

〈그림 3.5〉 학생성적 순위별 사교육 참여율

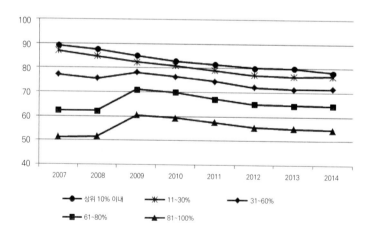

자료: 통계청, 사교육비 조사. 구체적인 수치는 〈부표 3.4〉 참조.

〈그림 3.6〉학생성적 순위별 사교육비

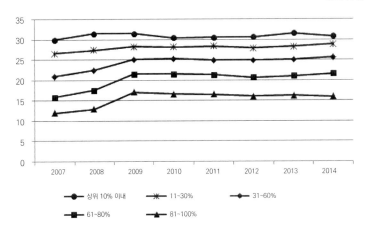

(단위: 만 원)

자료: 통계청, 사교육비 조사. 구체적인 수치는 〈부표 3.5〉참조.

체계적인 관계를 보인다. 〈그림 3.5〉에서 확인되는 바와 같이 사교육 참여율은 전반적으로 낮아지고 있지만, 그럼에도 불구하고 학업성적이 상위에 위치한 학생일수록 사교육 참여율이 높게 나타나는 경향은 꾸준하게 나타나고 있다.

학생성적은 사교육 참여율뿐 아니라 사교육 지출액과 견고한 상관관계를 보인다. 〈그림 3.6〉에서 보는 바와 같이 학업성취도 상위 10% 이내 학생들은 한 달에 30만 원 이상을 사교육에 지출하는 데 반해 하위인 81~100% 학생들은 15만 원 선을 지출하여 두 배 정도의 차이를 보이고 있다. 사교육 지출액이 많을수록 학업성취도가 높게 나타난다. 이 지점에서 교육 불평등의 두 번째 경로가 확인된다.

한편 가구의 자산과 소득에 따라 주거지가 결정되는 경향이 있는 한국사회에서는, 수도권과 비수도권, 서울지역 안에서도 강남과 강북 등, 지역별로 학업성취도가 뚜렷이 분할되는 특성을 보이고 있다. 학업성취도가 높은 중학교 100개교 가운데 국어, 영어, 수학 과목의 우수학력자(학업성취도 80% 이상인 학생) 비중이 높은 순으로 전국 중학교 순위를 매긴 결과, 상위 100위 안에 위치한 학교는 서울에 42개, 경기도에 31개 중학교가 포함되어 절대다수가 서울·경기지역에 집중된 것으로 나타났다. 경북과 대전은 6개, 대구, 울산, 인천은 3개, 부산 2개, 강원, 광주, 전남, 전북은 각 1개에 불과했고 경남, 충남, 충북, 제주는 없었다. 서울만 놓고 보면 상위 30개 학교 중에 강남 3구의 비중이 76.7%에 이른다(이종훈, 2015).

진학과 사회진출

가정의 배경에 따라 크게 좌우되는 학업성취도는 다시 진학 과정에 영향을 미친다. 외국어고와 과학고 등 특수 목적 고등학교와 자립형 사립고 등이 생겨나고, 이들 학교가 입시명문고로 자리 잡으면서 중학교에서 고등학교로의 진학은 대학입시의 전초전이 되었다.

중학교에서 고등학교로의 진학 과정에서 나타난 교육불평등은 고등학교에서 대학으로의 진학에서 재현된다. 한국사회에서 출신대학은 그 사람을 규정짓는 꼬리표와 같다. 교육고용패널 자료를 활용한 〈그림 3.7〉을 보면 가정의 사회경제적 지위에 따라 대학 진학에 큰 차이가 난다는 것을 알 수 있다. 비진학 학생의 부모의 월평균 소득은 220만 원인데 반해 4년제 대학에 입학한 학생의 부모의 월평균 소득은 340만 원으로 둘 사이에는 120만 원 정도가 차이 난다. 아버지의

〈그림 3.7〉 가정의 사회경제적 지위와 대학진학

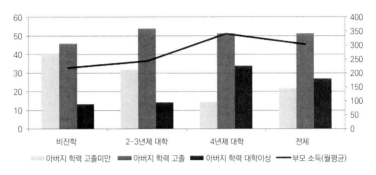

자료: 교육고용패널에서 계산. 구체적인 수치는 〈부표 3.6〉 참조

학력과 자녀의 대학진학과도 일정한 관계가 있어 아버지가 고학력일수록 자녀가 4년제 대학에 입학하는 비율이 높다.

가정의 사회경제적 지위와 대학진학의 관계를 보다 더 상세히 보기 위해 부모의 합산소득을 5분위로 나누어 대학진학 현황을 살펴보면, 1분위의 경우 4년제 대학에 진학하는 비율이 37.4%에 그친 반면 가구소득이 높을수록 그 비율이 높아져 5분위는 그 수치가 81.4%로 나타나고 있다.

사회경제적 지위에 따라 나뉜 대학 진학률은 진학 여부에 그치지 않고 학업 이후 노동시장 진출에 영향을 미친다. 교육수준별 고용형태를 〈표 3.3〉에서 살펴보면 중졸 이하 학력소지자 가운데 정규직 비율은 절반에도 못 미치는 데 반해 대졸이상은 약 3/4이 정규직으로 일하고 있음을 알 수 있다.

교육수준은 고용형태뿐 아니라 임금수준에도 영향을 미치고 있다. 통계청의 경제활동인구조사를 분석해보면 2015년 3월 현재 고졸 학력 임금근로자의 월평균임금은 196만 원인데 초대졸은 230만 원, 대

〈그림 3.8〉 부모의 소득분위별 대학진학 현황

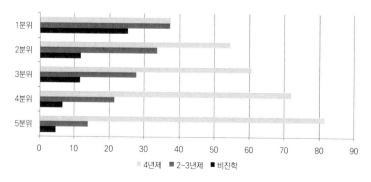

자료: 교육고용패널에서 계산
주: 소득이 없거나 부모 없다고 응답한 경우는 제외한 수치임

〈표 3.3〉 교육수준에 따른 정규직 비율

(단위: %)

시점	전체	중졸이하	고졸	대졸이상
2003. 08	67.4	48.8	66.5	78.6
2004. 08	63.0	44.4	62.4	73.0
2005. 08	63.4	43.2	61.8	74.5
2006. 08	64.5	44.5	63.5	74.3
2007. 08	64.1	43.3	62.5	74.1
2008. 08	66.2	44.6	63.2	77.0
2009. 08	65.1	39.0	62.0	77.4
2010. 08	66.7	42.7	63.6	77.8
2011. 08	65.8	41.7	62.1	76.9
2012. 08	66.7	42.7	62.2	77.9
2013. 08	67.4	41.8	62.8	78.5
2014. 08	67.6	41.7	63.4	78.2

자료: 통계청, 경제활동인구조사

〈표 3.4〉 임금근로자의 학력별 월평균 임금(2015년 3월)

	초졸 이하	중졸	고졸	초대졸	대졸	대학원 졸	전체
정규직 임금	148.1	179.7	229.0	246.7	325.4	444.7	271.3
비정규직 임금	83.9	116.3	135.7	176.7	197.5	257.1	146.7
전체 임금근로자	105.5	147.0	195.6	229.6	298.9	406.4	231.4

자료: 통계청, 경제활동인구조사

졸자는 300만 원으로 조사되어 고졸자와 대졸자의 월 평균 임금이 100만 원 넘게 차이 나는 것으로 나타났다.

학력별 임금격차의 추이를 살펴보기 위해 전체 임금근로자의 임금을 100으로 놓았을 때 임금근로자의 학력별 평균임금을 산출한 후 대졸자와 중졸 이하, 대졸자와 고졸자의 임금격차를 파악한 결과가 〈표 3.5〉에서 제시되고 있다. 학력별 임금격차는 2004년부터 2009년까지 서서히 증가했지만 그 이후 완만하게 줄어들고 있음을 확인할 수 있다.

후기중등교육 이수자(고졸자)의 임금을 100으로 놓고 중졸 이하와 대졸자의 상대임금을 국제적으로 비교해보면 중졸 이하 학력 소지자는 OECD 평균 77이고 대졸자는 157로 나타나는데, 한국은 그 수치가 각각 71과 150으로 조사되어 중졸자 및 대졸자 모두 OECD 평균에 비해 덜 받는 것으로 나타났다. 대졸자의 임금 프리미엄이 가장 높은 국가는 칠레로서 대졸자가 고졸자보다 무려 2.9배나 많이 받으며, 북유럽 국가인 덴마크, 노르웨이, 스웨덴이 학력별 임금격차가 가장 낮은 것으로 나타났다.

〈표 3.5〉 학력별 임금격차 추이

시점	전체	중졸이하	고졸	대졸이상	대졸-중졸 임금격차	대졸-고졸 임금격차
2004. 08	100.0	63.1	89.0	131.1	68.0	42.1
2005. 08	100.0	61.1	87.3	132.5	71.4	45.2
2006. 08	100.0	60.5	87.1	131.3	70.8	44.2
2007. 08	100.0	58.9	85.6	131.3	72.4	45.7
2008. 08	100.0	57.5	84.5	130.4	72.9	45.9
2009. 08	100.0	55.4	83.1	131.7	76.3	48.6
2010. 08	100.0	55.1	83.7	130.5	75.4	46.8
2011. 08	100.0	55.0	83.4	129.1	74.1	45.7
2012. 08	100.0	55.4	82.8	128.3	72.9	45.5
2013. 08	100.0	55.2	82.9	126.4	71.2	43.5
2014. 08	100.0	55.3	83.6	125.6	70.3	42.0

자료: 가계동향조사 원자료.

〈표 3.6〉 학력별 상대임금의 국제비교(2013년)

	중졸이하	대졸자
호주	83	137
오스트리아	71	171
캐나다	84	153
칠레	66	290
체코	74	143
덴마크	82	111
핀란드	93	127
프랑스	82	136
그리스	79	198
헝가리	75	174
아일랜드	83	204
이스라엘	84	157
한국	71	150

뉴질랜드	92	135
노르웨이	77	116
포르투갈	71	169
슬로바키아	68	125
스웨덴	78	115
영국	74	154
미국	70	165
OECD 평균	77	157

자료: OECD(2015)
주: 호주·캐나다·핀란드는 2012년, 칠레·프랑스는 2011년

사회경제적 지위의 세대 간 재생산

가정형편에 따라 불평등한 사교육 기회, 사교육 정도에 따른 학업 성취도 격차, 학업성취도에 따른 진학, 학벌에 따른 사회진출의 차이는 사회경제적 지위가 순환과정을 통해 세대에 걸쳐 재생산되고 있음을 시사한다. 2005년부터 2014년까지 조사된 한국노동패널 자료에서 14세 무렵 경제적 형편과 현재소득의 관계를 살펴보면 〈그림 3.9〉과 같이 가정의 경제형편이 평균보다 높을수록 현재소득이 높게 나타나고 있음을 알 수 있다.

이를 통해, 주관적 차원에서도 계급이동성은 점점 제한되고 있으며, 자녀세대의 사회경제적 지위의 상향이동 가능성 또한 높지 않다고 파악할 수 있다. "우리 사회에서 현재의 본인세대에 비해 다음 세대인 자식세대의 사회경제적 지위가 높아질 가능성은 어느 정도라고 생각하십니까"라는 질문에 대하여 "모르겠다"에 응답한 비율을 제외하고 낮거나 높다고 응답한 비율을 100%로 환산해 보면 2000년

〈그림 3.9〉 사회경제적 지위의 세대 간 재생산

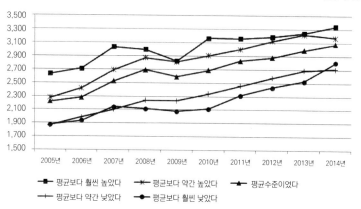

(단위: 만 원)

자료: 한국노동패널.
주: 1. 14세 무렵 경제적형편에 대답한 조사자만 대상: 8차부터 조사됨 (신규 조사자 대상 문항이지만
두 번 대답한 경우 첫 번째 대답한 경우 선택함)
2. 조사년도별로 소득이 있는 조사자들의 평균값임.
3. 1~11차는 98표본 횡단면 가중치, 12차부터는 통합표본 횡단면 가중치 사용

대까지만 하더라도 가능성이 높다는 비율이 60% 가까이 나타났지만
2010년대 들어 낮다고 보는 사람들이 절반 이상을 차지하는 것으로
바뀌었다.

현대 자본주의 사회에서 교육은 계층 간의 이동을 억제하고 계급
재생산의 기제로 고착화되어왔다고 한다(Bourdieu & Passeron, 1990;
Bowles & Gintis, 1976). 그러나 한국의 교육은 적어도 1980년대 중반
까지는 활발한 계층이동의 통로였다. 급속한 산업화 과정과 맞물린
보편적 교육기회의 확대에 힘입어 가난해도 공부를 잘해 번듯한 자
리를 차지한 사례가 적지 않았다. 그러나 이제 교육은 사회경제적 지
위의 대물림을 낳는 통로로 변질되어가고 있다. 수많은 용과 이무기

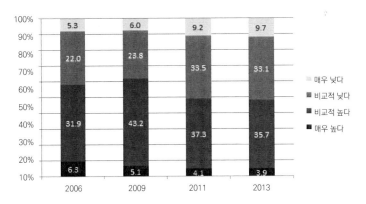

〈그림 3.10〉 다음 세대 계층 상향이동 가능성에 대한 견해

자료: 통계청, 「사회조사」, 각 연도.
주: 2006년과 2009년은 15세 이상, 2011년과 2013년은 19세 이상

를 낳았던 개천에는 물이 말라가고 있다. 교육이 계급 재생산의 기제
가 되었다는 진단은 한국사회에도 맞아떨어지게 되었다. 실제로 과
외가 금지되었던 시기와 그 이후 시기의 계층이동에 관한 연구결과
에 따르면 과외금지가 풀린 이후 세대 간 계층이동이 둔화되었으며
(장수명·한치록, 2011), 세대 간 계층 대물림이 심화된 것으로 드러나고
있다(김희삼, 2014). 한국의 사교육은 이제 제도적으로 보편화된 교육
기회 확대의 계층이동 효과를 상쇄하고 남아 빈곤과 사회경제적 불
평등을 재생산하는 환승센터이기도 하다(황규성, 2012). 한국의 교육
불평등은 여러 차원의 불평등이 상호중첩되고 확대재생산되는 데 한
길목을 차지하고 있다.

〈부표 3.1〉 학교급별 사교육 참여율

(단위: %)

	평 균	초등학교	중학교	일반고
2007	77.0	88.8	74.6	62.0
2008	75.1	87.9	72.5	60.5
2009	75.0	87.4	74.3	62.8
2010	73.6	86.8	72.2	61.1
2011	71.7	84.6	71.0	58.7
2012	69.4	80.9	70.6	57.6
2013	68.8	81.8	69.5	55.9
2014	68.6	81.1	69.1	56.2

자료: 통계청, 사교육비 조사

〈부표 3.2〉 사교육 참여 동기

(단위: %)

		진학준비	불안심리	선행학습	학교수업 보충	보육	기타
중학교	2007	19.1	19.3	29.1	30.9	0.0	1.6
	2008	18.8	17.8	30.8	31.5	0.0	1.1
	2009	15.5	12.8	26.2	44.3	0.0	1.2
	2010	15.1	13.9	25.5	44.1	0.0	1.4
	2011	15.3	12.8	26.9	43.4	0.0	1.6
	2012	14.1	11.6	24.5	47.8	0.0	2.0
	2013	14.3	10.7	24.2	49.3	0.0	1.5
	2014	18.9	14.2	25.4	38.5	0.0	2.9
고등학교	2007	37.5	14.6	21.1	25.8	0.0	1.0
	2008	39.7	12.5	21.1	26.0	0.0	0.7
	2009	38.8	8.8	14.2	37.6	0.0	0.7
	2010	38.6	8.7	13.4	38.8	0.0	0.6
	2011	35.7	9.1	15.6	39.0	0.0	0.6
	2012	35.0	7.5	15.3	41.4	0.0	0.9
	2013	32.4	8.2	15.8	42.9	0.0	0.7
	2014	39.0	10.3	18.4	31.2	0.0	1.2

자료: 통계청, 사교육비 조사

〈부표 3.3〉 소득10분위별 가구당 교육비 (전국 2인 이상)

(단위: 원)

	2003	2004	2005	2006	2007	2008	2009	2010	2011	2012	2013	2014
전체 평균	105,499	114,146	121,990	128,371	137,043	160,344	167,517	166,959	168,049	169,641	177,074	177,065
1 분위	19,873	20,357	25,744	21,313	18,407	24,236	21,761	21,209	25,105	29,532	25,022	19,840
2 분위	42,738	43,905	41,922	43,983	53,311	52,837	44,974	55,218	48,172	53,160	54,409	44,177
3 분위	59,037	57,761	62,899	66,959	77,786	90,727	88,530	83,553	90,735	80,361	100,707	102,379
4 분위	80,368	72,307	83,059	80,279	93,180	105,280	101,571	118,685	136,626	120,135	142,424	145,511
5 분위	94,420	100,342	98,960	117,942	114,953	131,136	149,609	147,416	147,538	148,471	138,783	155,189
6 분위	111,946	124,131	116,176	135,222	151,618	159,695	196,306	177,202	171,815	201,078	196,959	199,650
7 분위	129,287	138,665	150,939	160,512	174,458	204,224	182,491	217,095	222,588	195,765	234,946	206,979
8 분위	138,851	149,854	174,672	180,175	192,880	230,030	226,218	229,296	236,128	278,349	247,174	243,608
9 분위	163,844	189,608	212,744	198,014	210,107	261,907	285,988	262,157	259,895	238,368	278,485	290,584
10분위	214,504	244,369	252,587	278,976	283,447	343,123	377,423	357,301	341,646	350,908	351,506	362,590

자료: 통계청, 가계동향조사

〈부표 3.4〉 학생성적 순위별 사교육 참여율

(단위: %)

	상위10% 이내	11 ~ 30%	31 ~ 60%	61 ~ 80%	81 ~ 100%
2007	89.3	87.0	77.3	62.3	51.2
2008	87.7	84.9	75.6	62.2	51.6
2009	85.1	82.4	78.1	71.0	60.5
2010	82.9	81.1	76.4	69.9	59.4
2011	81.6	79.1	74.5	67.3	57.6
2012	80.3	77.2	72.1	65.2	55.5
2013	80.0	76.6	71.4	64.8	55.0
2014	78.4	76.7	71.6	64.5	54.6

자료: 통계청, 사교육비 조사

〈부표 3.5〉 학생성적 순위별 월평균 사교육비

(단위: 만 원)

	상위10% 이내	11 ~ 30%	31 ~ 60%	61 ~ 80%	81 ~ 100%
2007	30.0	26.6	21.0	15.9	12.0
2008	31.5	27.5	22.5	17.6	12.9
2009	31.5	28.3	25.1	21.5	17.1
2010	30.5	28.2	25.3	21.5	16.6
2011	30.6	28.4	24.9	21.3	16.5
2012	30.7	27.9	24.9	20.7	16.1
2013	31.6	28.3	25.1	21.1	16.2
2014	30.9	28.9	25.7	21.6	16.0

자료: 통계청, 사교육비 조사

〈부표 3.6〉 가정의 사회경제적 위치와 대학진학

		비진학	2-3년제대학	4년제대학	전체
부모소득(월평균)(만원)		220.4	242.4	340.2	302.1
아버지 학력	고졸미만(%)	40.6	31.9	14.6	21.6
	고졸(%)	46	54.1	51.3	51.4
	대학이상(%)	13.4	14.1	34.1	27

자료: 〈그림 3.7〉과 동일.

〈부표 3.7〉 부모의 소득분위별 대학진학 현황

	1분위	2분위	3분위	4분위	5분위
비진학 (%)	25.3	11.9	11.6	6.5	4.6
2-3년제 (%)	37.3	33.6	27.7	21.5	14
4년제 (%)	37.4	54.5	60.7	72.1	81.4
N	66,372.10	123,766.00	57,122.80	113,772.50	115,835.80

자료: 〈그림 3.8〉과 동일.

〈부표 3.8〉 사회경제적 지위의 세대간 재생산

조사 년도	전체	14세 무렵 경제적형편				
		평균보다 훨씬 높았다	평균보다 약간 높았다	평균 수준이었다	평균보다 약간 낮았다	평균보다 훨씬 낮았다.
2005년	2,088.8	2,632.5	2,275.7	2,222.5	1,868.5	1,876.7
2006년	2,175.5	2,709.6	2,415.7	2,282.0	1,986.3	1,938.9
2007년	2,377.0	3,036.0	2,687.4	2,521.4	2,101.6	2,141.1
2008년	2,512.9	2,999.8	2,869.6	2,693.4	2,241.3	2,113.9
2009년	2,465.3	2,826.0	2,811.1	2,592.4	2,233.5	2,079.3
2010년	2,563.5	3,166.8	2,904.5	2,684.9	2,341.5	2,114.8
2011년	2,696.0	3,164.0	3,000.2	2,827.1	2,456.4	2,316.7
2012년	2,785.0	3,188.4	3,123.7	2,878.4	2,579.3	2,434.3
2013년	2,892.8	3,245.0	3,221.5	2,988.9	2,687.6	2,525.1
2014년	2,965.5	3,346.3	3,174.5	3,080.2	2,712.0	2,804.0

자료: 한국노동패널.
주: 1. 14세무렵경제적형편에 대답한 조사자만 대상: 8차부터 조사됨 (신규 조사자 대상 문항이지만 두 번 대답한 경우 첫 번째 대답한 경우 선택함)
2. 조사연도별로 소득이 있는 조사자들의 평균값임.
3. 1-11차는 98표본 횡단면 가중치, 12차부터는 통합표본 횡단면 가중치 사용

〈부표 3.9〉 다음 세대 계층 상향이동 가능성에 대한 견해

	매우 높다	비교적 높다	비교적 낮다	매우 낮다	모르겠다
2006	6.3	31.9	22.0	5.3	34.6
2009	5.1	43.2	23.8	6.0	21.9
2011	4.1	37.3	33.5	9.2	16.0
2013	3.9	35.7	33.1	9.7	17.6

자료: 통계청, 「사회조사」, 각 연도.
주: 2006년과 2009년은 15세 이상, 2011년과 2013년은 19세 이상

제4장
지역불평등

지역 간 소득격차: 그 추세와 요인

소득과 자산의 불평등이 중요한 연구 주제가 되어가고 있다. 가구와 개인차원의 소득 불평등 연구가 주로 이루어지고 있으나 최근에는 거시적인 차원에서 요소소득의 기능적 소득분배도 중요한 연구 주제로 떠오르고 있다(이병희 외, 2015).

그러나 지역차원에서 보면 가구나 개인의 소득불평등을 가늠할 수 있는 조사 자료가 전무한 상태이다. 예를 들면 통계청의 가계동향 조사의 경우 지역별 자료는 공개하지 않고 있으며 가계금융복지조사의 경우에도 수도권과 비수도권의 자료만 공개하고 있을 뿐이다. 따

요소소득
노동, 토지, 자본과 같은 생산요소를 생산에 투입한 데 따른 보수로써\서 지급받는 소득. 노동의 경우 임금, 토지의 경우 지대, 자본의 경우 이자에 해당한다.

국민계정
국민계정은 한 나라의 경제 활동과 보유 자산을 측정하여 이를 수치화한 것으로, 국민소득통계, 산업연관표, 자금순환표, 국제수지표, 국민대차대조표 등 5대 국민경제통계로 구성되어 있다.

라서 개인 간 분배를 지역차원에서 다루기에는 자료의 한계가 존재한다.

하지만 거시차원에서 국민계정과 거의 동일한 편제를 갖는 지역계정상의 소득자료는 공표되고 있다(정준호 외, 2012). 생산소득, 분배소득, 지출소득이 모두 다뤄지고 있어 지역의 거시차원에서 분배소득의 지역 간 유출입을 산정할 수 있으며, 지역별 노동소득분배율도 산정할 수가 있다.

우리나라의 소득불평등이 주로 시장분배에서 발생하고 있다는 점에서 자본-노동 간의 1차 분배에 관한 연구는 적실성을 갖는다고 볼수 있다(이병희 외, 2014). 이러한 측면에서 거시차원의 자료, 즉 지역계정 자료 활용은 소득불평등을 포착할 수 있는 노동소득분배율 산정이 가능하다는 점에서 의의가 있다. 또한 지역소득의 생산계정과 분배계정을 결합하여 생산소득과 분배소득의 지리적 불일치의 추세 및 그에 따른 역외소득의 순유출입 규모도 산정할 수도 있다(정준호 외, 2012).

본 장에서는 통계청이 발표한 지역계정의 소득 자료를 바탕으로 지역 간 소득격차와 지역별 역외소득의 유출입 규모를 산정하고, 지역 간 소득격차의 요인을 파악하기 위해 1인당 소득지표에 대한 요인분해를 수행한다. 그리고 지역별 노동소득분배율의 작성에 대한 기존의 방법을 소개하고 이를 바탕으로 체계적으로 지역별 노동소득분배율을 산정한다.

지역 간 소득격차의 추이

지역계정의 개관

거시적인 차원에서 한 국가의 소득은 국민계정의 편제를 통해 파악할 수가 있다. 주지하는 바와 같이 우리나라는 한국은행이 국민계정을 편제하고 있다. 국민계정에서는 생산, 분배, 지출 측면에서 국민소득이 편제된다. 마찬가지로 지역차원에서 한 지역의 소득은 지역계정의 편제를 통해 파악할 수 있으며 통계청이 이를 작성하고 있다. 지역계정에서도 국민계정과 마찬가지로 생산, 분배, 지출 측면에서 지역소득이 편제된다.

하지만 두 계정 사이에는 차이점이 존재한다. 국민계정에서는 생산소득, 분배소득, 지출소득 간 삼면 등가의 법칙이 통용되지만 지역계정에서는 그렇지 않다는 점이다. 그 이유는 지역경제가 한 국가 내에서는 개방경제체제이기 때문에 세 가지 소득들 간에 지리적 불일치, 즉 한 지역 내 세 가지 소득이 항상 일치하지 않는 문제가 발생하기 때문이다. 따라서 해당지역 내에서 각 측면의 소득들이 조정되어야 지역소득을 온전히 파악할 수 있는 것이다. 통계청은 지역계정의 생산소득은 1985년, 지출소득은 1995년, 분배소득은 2000년부터 추계·발표하고 있다.

한 국가의 소득을 흔히 국내 총생산(GDP)라고 하는데, 동일한 소득개념이 지역에도 적용되며 이를 지역내 총생산(GRDP)라고 한다. GRDP는 생산소득을 대표한다. 반면에 지역민총소득(GRNI)은 지역의 분배소득을 나타낸다. 이는 국민계정의 국민총소득(GNI)과 등가

본원소득과 순수취본원소득
본원소득이란 가계, 정부, 기업이 생산에 참여하거나 생산에 필요한 자산을 소유함으로써 얻게 되는 소득으로, 생산 과정에서 발생한 부가가치로부터 지급된다. 순수취본원소득이란 본원소득 총액에서 지역 사람이 다른 지역에서 벌어들인 소득을 더하고 다른 지역 사람이 지역 내에서 벌어들인 소득을 뺀 값을 의미한다.

영업잉여
기업가가 자본, 경영활동 등을 통해 얻는 소득을 의미한다.

피용자보수
근로자들이 피고용자가 되어 노동을 제공함으로써 얻는 보수, 즉 노동소득을 의미한다.

의 소득이다. 따라서 지역차원에서 후자와 전자 소득의 차이는 바로 역외소득의 유출입 규모를 의미한다(통계청, 2011). 환언하면, 국민경제에서 "GNI = GDP + 국외 순수취본원소득"의 관계가 성립하는 것과 마찬가지로, 지역경제에서 "GRNI = GRDP + 지역 외 순수취본원소득"의 관계가 성립한다(정준호 외, 2012). 따라서 〈그림 4.1〉에서 보는 바와 같이 "역외 순수취본원소득 = GRNI - GRDP"의 관계가 성립한다. 통계청은 93SNA 방식에 따라 GRDP를 발생지 기준으로, GRNI는 거주지 기준으로 편제하고 있어 전술한 바와 같이 GRDP와 GRNI는 역외 순수취본원소득의 크기만큼 차이가 난다(통계청, 2011). 따라서 역외 순수취본원소득은 생산소득과 분배소득의 지리적 불일치를 보여준다.

〈그림 4.1〉에서 보는 바와 같이, 역외 순수취본원소득은 순수취요소소득(영업잉여+피용자보수)과 순수취 재산소득(이자·배당금과 같은 금융소득+임료와 같은 실물소득)의 합으로 정의된다. 순수취요소소득은 생산계정의 요소소득과 분배계정의 요소소득의 차이이고, 순수취재산소득은 원천재산소득과 사용재산소득의 차이이다. 현재 생산소득계정에서 요소소득이 피용자보수와 영업잉여로 구분되어 편제되어 있지 않아 요소소득을 더 이상 세분하여 들여다볼 수는 없다.

106

산출액	지역내총생산(GRDP)					중간소비
지역내 총생산 (GRDP)		피용자 보수	영업잉여	순생산세	고정자본 소모	
		요소소득				
지역내 순생산		피용자보수	영업잉여	순생산세		
		요소소득				
지역민 총소득 (GRNI)	순수취 요소소득	순수취 재산소득	피용자 보수	영업잉여	순생산세	고정자본 소모
	역외 순수취본원소득		요소소득			
지역민 순소득	순수취 요소소득	순수취 재산소득	피용자보 수	영업잉여	순생산세	
	역외 순수취본원소득		요소소득			

자료: 통계청(2011), 일부 수정·보완.

지역 간 소득격차의 추이

지역 간 소득격차의 추이를 파악하기 위해 앞에서 이야기한 두 가지 소득, 즉 생산소득과 분배소득인 GRDP와 GRNI를 가지고 인구가중변동계수를 산정한다. 인구가중변동계수는 두 소득의 자연대수의 인구가중 분산으로 정의된다. 생산소득을 의미하는 1인당 GRDP의 지역 간 격차는 2000년대 이후 지속적으로

변동계수
표준편차를 평균값으로 나눈 값을 의미한다. 일반적으로 평균값이 큰 데이터의 경우 표준편차 또한 커지는 경향이 있는데, 때문에 비슷한 편차를 보이는 데이터라 할지라도 표준편차에서 큰 차이를 보이는 경우가 발생한다. 이 때 변동계수를 통해 평균값 차이로 인한 표준편차의 차이를 조정할 수 있다.

글로벌 가치사슬
가치사슬이란 상품과 서비스의 기획·생산·판매·소비·폐기를 아우르는 생산활동 전반을 의미한다. 글로벌 가치사슬은 이를 세계 단위로 확대한 것으로서, 교통과 통신의 발달에 의해 생산활동이 국경을 초월하여 진행되고 있음을 반영한 것이다.

수확체감
일정 크기의 토지에 노동력을 추가로 투입할 경우 노동력의 증가량이 생산량의 증가량을 초과하는 현상을 말한다. 일반적으로 상품을 추가로 생산하기 위한 단위당 비용이 증가하는 현상을 의미한다. '수확 체감의 법칙'으로도 불리운다.

심화되고 있다. 하지만 2012년 이후 그 격차가 완화되고 있다. 이는 1997년 외환위기 이후 대기업 주도에 의한 수출주도형 경제성장의 효과를 반영한다. 자동차, 조선, 전자산업 등 수출 주도형 가공조립산업의 분공장이 위치한 충남, 울산, 경남 등 주력기간 산업의 경쟁력이 강한 지역의 생산소득은 급증하였다.

하지만 최근 들어 전 세계적으로 교역규모가 감소하면서 우리나라 수출의 증가율 또한 감소세로 돌아서고 있다. 즉, 경제성장에 대한 교역의 탄력성이 세계 및 우리나라에서도 감소하고 있는 것이다. 이는 중국경제의 성장세 둔화 및 글로벌 가치사슬 전략의 수확체감, 글로벌 금융위기 이후 각 정부의 국내산업 지원과 내수 확대 추구 등을 반영하고 있다(Hoekman, 2015).

대기업의 수출주도형 산업화의 혜택을 누리던 충청권과 영남권의 생산소득이 최근 들어 급감하고 있다. 세계적 차원에서의 과잉생산으로 특히 조선과 철강 산업에서는 구조조정의 압력이 거세지고 있다. 이러한 여파로 인하여 지역 간 생산소득의 격차는 최근 들어 완화되고 있다. 2000-2014년 기간 동안 1인당 GRDP의 인구가중 변동계수와 GDP대비 수출비중 간의 상관관계가 0.850이다. 이처럼 생산소득의 지역 간 격차의 심화가 수출주도형 경제의 심화와 강한 상관관계가 있다는 것은 우리나라 경제의 거시적인 상황과 지역 간 격차가 불가분의 관계를 가지고 있음을 시사하고 있다. 지역 간 격차와 수출주도형 경제의 심화 사이에 나타나는 강한 상관관계는 특히 외환위기 이후 대기업이 수출주도형 경제를 견인하고 있는 상황에서 그

<그림 4.2> 지역간 소득격차의 추이: GRDP와 GRNI

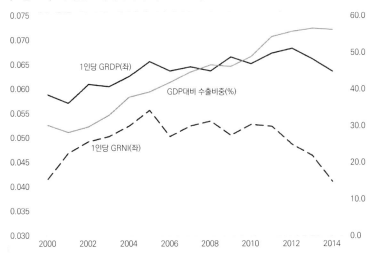

자료: 통계청(http://kosis.kr).
주: 1. 지역 간 소득격차는 인구가중변동계수로 측정되고, 이는 GRDP와 GRNI의 인구가중 분산으로
정의됨.
2. 2014년 수치는 잠정치임.
3. 세종시는 충남에 포함.

대기업의 생산기지들(분공장)이 있는 지역들과 그렇지 않은 지역들
간의 생산력 격차가 심화되었다는 것을 함의한다(정준호 외, 2012).

반면에 분배소득을 나타내는 1인당 GRNI의 지역 간 격차는 2000
년대 중반까지는 증가하였으나 그 이후 등락을 거듭하면서 횡보하였
다. 생산소득과 마찬가지로 2011년 이후 뚜렷하게 지역 간 격차가 감
소하는 추세가 나타나고 있다. GRNI의 인구가중변동계수의 절대값
이 GRDP보다 낮다는 점에서 분배소득 측면의 지역 간 격차는 생산
소득의 그것보다 낮은 편이다. 최근에는 전술한 바와 같이 세계경제
의 둔화로 인해 분배소득의 지역 간 격차는 역설적이게도 더욱더 완

화되는 추세이다.

그러나 표면상으로 드러나는 분배소득 격차의 완화 이면에는 중요한 점이 은폐되어 있다. 1인당 GRNI와 GDP대비 수출비중 간의 상관관계는 1인당 GRDP와는 달리 0.012로 매우 낮다. 이는 분배소득의 경우와는 차이가 난다. 생산소득과 분배소득의 지리적 불일치는 주로 직주분리, 즉, 일터와 가정의 지리적 분리에 따른 노동력의 지역 간 이동성과 본사와 공장의 지역 간 분업에 의해 발생한다(박경, 2011; 정준호 외, 2012; 허문구, 2015). 이러한 두 소득 간의 지리적 불일치는 역외소득의 유출입과 생산소득의 지역 간 분배를 시사한다. 환언하면, 이러한 두 가지 메커니즘을 통해 생산소득의 지리적 분배가 발생하면서 분배소득의 지역 간 격차가 완화된다고 볼 수 있다.

원천 분배소득의 항목별·지역별 비중을 보면 수도권 비중이 비수도권의 그것보다 훨씬 높다(〈그림 4.3〉 참조). 피용자보수, 영업잉여, 재산소득 등 요소소득의 수도권 점유율이 인구의 수도권 점유율을 상회하고 있다는 점은 특이하다 할 만하다. 수도권 인구 점유율만큼 분배소득이 수도권에 집중되어 있다면 일정 정도 수긍할 수도 있지만 문제는 그렇지 않다는 점이다. 이러한 점에서 수도권으로의 소득의 과도한 집중으로 인해 우리나라의 지역문제는 지역 간 격차의 문제라기보다는 공간 집중의 문제로 인식되는 측면이 있다.

이자, 임료, 배당금 등을 포함하는 재산소득의 약 70% 이상이 수도권에서 발생하고 있으며 그 비중은 안정적이다. 영업잉여의 경우도 약 60% 이상이 수도권에서 발생하고 있다. 그리고 피용자보수와 총본원소득도 약 50%이상이 수도권에서 발생하고 그 추세는 상승세이다. 인구비중도 약 50%에 육박하면서 증가 추세이다. 반면에 비수도

〈그림 4.3〉 원천 분배소득의 지역별 점유율: 수도권과 비수도권 간 비교

(단위: %)

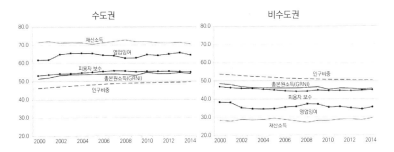

자료: 통계청(http://kosis.kr). 구체적인 수치는 〈부표 4.1〉 참조.
주: 1. 2014년 수치는 잠정치임.
2. 세종시는 충남에 포함.

권에서는 총본원소득, 피용자보수, 인구비중이 점차로 감소하는 추세이다. 하지만 영업잉여와 재산소득의 비중 추이는 비교적 안정적이다.

원천 피용자보수, 영업잉여, 재산소득 등 원천 요소소득의 수도권 집중도가 인구의 그것보다 훨씬 상회하고 있다는 점에서 경제적 부의 원천이 주로 수도권에서 창출되고 있음을 확인할 수 있다. 특히 영업잉여와 재산소득의 수도권 점유율이 안정적이고 매우 크다는 점은 수도권이 경제권력의 관제고지로 기능하고 있다는 것을 시사하는 것으로 볼 수 있다(정준호 외, 2012). 인구비중을 훨씬 상회하는 소득의 과도한 수도권 비중은 단순히 통계적인 차원에서 공간 집중도를 의미하는 것이 아니라 경제권력의 문제와 그 권력의 행사를 반영하고 있는 것이다. 따라서 이러한 문제는 단순한 공간 집중과 그에 따른 집적경제의 편익의 문제로 환원할 수 있는 것이 아니라 구조적 문제이다.

역외소득의 유출입 추이: 생산소득과 분배소득 간의 지리적 불일치 심화

전술한 바와 같이 지역경제는 개방체제이기 때문에 생산과 분배소득 간의 지리적 불일치는 자연스러운 현상이다. 하지만 생산소득의 역외 유출입 규모가 과도하다면 해당 지역의 생산소득과 분배소득 간 선순환에 문제를 야기할 수 있다. 또한 생산소득과 분배소득의 지리적 불일치가 직주분리와 조세수출에 의해 주로 야기되므로 이것이 과도할 경우 지역경제 간에 경제력 집중의 문제가 제기될 수 있다. 생산과 분배소득 간 지리적 불일치는 소득 원천지와 과세 징수지 간의 공간적 불일치로 발생하는 조세수출, 즉 공간상의 조세귀착 현상과 논리적으로 동일한 것이다. 예를 들면, 대다수 대기업의 본사가 위치한 서울의 경우(예: 강남구) 다른 지역에 비해 조세징수에서 막대한 편익을 누려 조세수입이 지출을 능가하는 순재정편익(net fiscal benefits)을 향유하고 있는 것으로 알려져 있다. 이는 수도권 집중의 한 요인으로 간주되고 있다(김정훈, 2003).

역외 소득의 유출입 규모는 해당 지역의 GRNI와 GRDP 간의 차이로 파악할 수 있다. 〈그림 4.4〉는 2000-2014년 동안의 지역별 역외 순수취본원소득의 추이를 보여주고 있다. 지난 14년 동안에 이러한 역외 순수취본원소득은 주로 서울과 경기 등 수도권과 대전, 광주, 대구, 부산 등 지방 광역대도시로 유입되었다. 경기는 역외소득의 유입을 기록하고 있는 유일한 광역시도이다. 비수도권의 경우 최근 들어 제주만이 간헐적으로 역외소득이 유입된 기록을 갖고 있다. 동 기간에 역외소득 유입의 누적규모를 살펴보면 2010년 가격 기준으로 서울, 경기, 대전, 광주, 대구, 부산으로 각각 약 571조원, 284조원, 45

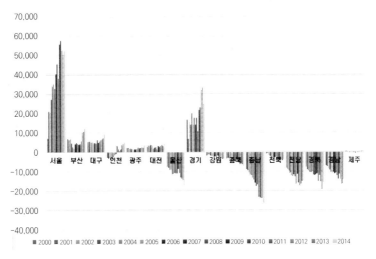

〈그림 4.4〉 지역별 역외소득의 유출입 규모 추이

(단위: 10억 원, 2010년 가격 기준)

자료: 통계청(http://kosis.kr). 구체적인 수치는 〈부표 4.2〉 참조.
주: 1. 2014년 수치는 잠정치임.
2. 세종시는 충남에 포함.

조, 30조원, 87조원, 88조원 규모의 역외소득이 역내로 유입되었다.
동 기간에 서울과 경기로의 역외소득 유입의 누적 합계가 약 1,100조
원에 달하는데, 이는 우리나라 한 해의 GDP 규모에 맞먹는 수준이다.

수도권의 경우 인천만이 2000-2007년 동안에 역외로 소득이 유
출되었으나 그 이후에는 반전되었다. 울산은 광역대도시임에도 불구
하고 역내소득이 지속적으로 역외로 유출되어온 유일한 지역이다.

2000년대에 대기업의 생산거점이자 분공장으로 자리를 잡은 충남
의 역외소득의 유출 규모가 가장 크다는 점은 주목할 만하다. 또한 대
기업의 핵심 사업장이 위치한 제조업의 중심지인 울산, 경남, 경북,

〈그림 4.5〉 역외소득 유출입의 누적규모와 공간적 흐름(2000-14년)

(단위: 2010년 불변가격 기준)

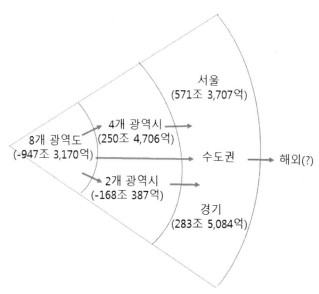

자료: 통계청(http://kosis.kr).
주: 1. 8개 광역도는 충남·북, 전남·북, 경남·북, 강원·제주, 4개 광역시는 부산, 대구, 광주, 대전, 그리고 2개 광역시는 울산과 인천을 일컬음.
2. 2014년 수치는 잠정치임.
3. 세종시는 충남에 포함.

전남 등의 경우에도 역외소득의 유출 규모가 상당하다. 지난 14년 동안 누적 합계로 충남, 전남, 경북, 경남, 울산에서 각각 약 252조원, 194조원, 182조원, 169조원, 167조원 규모의 역내소득이 역외로 유출되었다.

　역외소득의 공간적 흐름을 요약하면 전국 차원에서는 역외소득이 수도권으로 유입되고, 지방에서는 광역대도시로 유입되고 있지만, 생산의 중심지에서는 역내소득이 역외로 유출되고 있는 것이다. 이

〈그림 4.6〉 역외소득 유출입과 산업구조 간 관계(2000-14년)

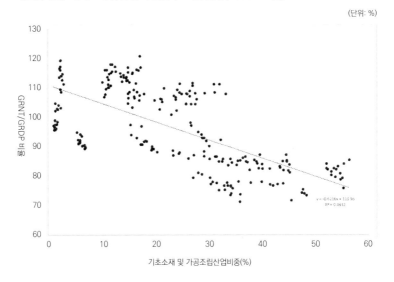

(단위: %)

자료: 통계청(http://kosis.kr).
주: 1. 기초소재 및 가공조립산업은 지역계정의 석탄 및 석유, 화학제품 제조업, 비금속광물 및
금속제품 제조업, 전기 전자 및 정밀기기 제조업, 기계 운송장비 및 기타 제품 제조업의 합계임.
2. 세종시는 충남에 포함.

러한 역외 소득 유출입의 공간적 패턴은 생산과 실행기능을 담당하
는 분공장에서 나온 수익을 기획과 구상기능을 수행하는 기업 본사
로 송금하는 관계와 거의 유사하다. 이는 전국 차원에서는 수도권이
기업 본사와 같이 구상기능을 담당하고, 비수도권의 생산중심지들이
실행기능을 수행하는 공간분업(spatial division of labor)이 형성되었
다는 것을 시사한다(Massey, 1979). 또한 비수도권에서는 광역대도시
가 구상기능과 중심지 역할을, 그 인근지역의 생산중심지가 실행기
능과 배후지 역할을 수행하고 있는 공간분업이 작동하고 있다는 것
을 시사한다.

이러한 공간 분업을 도식화시키면 생산현장에서 창출된 부가가치가 대체적으로 공간 계층구조를 따라 '광역도→광역시→수도권→해외(?)'로 유출되고 있는 것으로 파악할 수 있을 것이다(〈그림 4.5〉 참조). 이는 생산현장에서 상위 중심지로 소득을 빨아들이는 '깔때기'와 유사한 위계적인 공간구조를 보여주고 있다.

역외 소득유출과 산업구조와의 관계를 보면, 기초소재 및 가공조립산업 비중이 높을수록 소득유출의 정도가 선형으로 증가하고 있다(〈그림 4.6〉 참조). 2000~2014년 GRNI/GRDP 비중과 기초소재 및 가공조립산업 비중 분포 간의 상관계수는 −0.681으로 상당히 높은 편이다. 이는 우리나라의 주력산업인 가공조립과 기초소재산업의 생산거점이 비수도권 지역, 대표적으로 울산, 충남 등에 위치하고 있는 소위 분공장 경제체제와 연관이 있다는 것을 시사한다.

이제까지의 논의를 요약하면, 2000년대 수출주도형 성장에 편승한 대기업의 생산기지들이 위치한 지역들의 생산소득이 급격히 증가하면서 지역 간의 생산력 격차가 심화되지만, 이러한 소득은 직주분리와 분공장체제에 의해 지리적 조정이 일어나 거시적인 차원에서 지역 간 격차는 완화된다. 하지만 역외 소득이 수도권과 지방 광역대도시로 유입되고 있고, 원천 요소 분배소득은 상당한 정도로 수도권에 집중되어 있다. 따라서 이러한 소득의 과도한 공간 집중은 지역 간 경제력 집중의 문제와 그에 따른 중심과 주변 간의 권력 행사의 문제를 제기하고 있다.

이러한 양상은 소득뿐만 아니라 자산에서도 관철되고 있다. 지역별 상세 자산보유 통계가 가용하지 않지만, 우리나라 가계의 자산구성에서 상당 부분을 차지하는 아파트의 평균가격으로 지역의 자산규

〈그림 4.7〉 전국 아파트 평균가격의 공간적 분포(2008-12년)

(단위: 만 원)

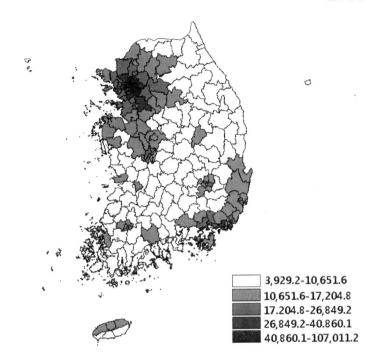

☐	3,929.2-10,651.6
▨	10,651.6-17,204.8
▨	17.204.8-26,849.2
▨	26,849.2-40.860.1
■	40,860.1-107,011.2

자료: 국민은행

모를 대략적으로 가늠할 수 있다면, 2008-12년간 시군구별 평균가
격을 지도로 나타낸 〈그림 4.7〉은 이러한 지역 간 소득격차의 패턴을
그대로 반영하고 있다. 앞에서 전술한 깔때기 형태의 위계적인 공간
적 패턴을 따라 자산보유의 지리적 패턴이 나타나고 있다. 이와 같은
소득과 자산이 지리적 조정은 통계수치상의 격차를 완화시킬 수는
있지만, 경제적 기능과 활동의 공간적 배분을 통해 공간상의 서열을
고착화시킬 수 있다.

지역 간 소득격차의 요인

역외소득 유출입이 지역 간 소득격차에 기여하는 바를 검토하기 위해 생산소득보다는 분배소득인 1인당 GRNI를 사용하여 지역 간 소득격차의 요인들을 살펴보자.

1인당 GRNI는 다음과 같이 요인분해가 가능하다(박경, 2011; 정준호 외, 2012).

$$\frac{GRNI}{P} = \frac{GRNI}{GRDP} \times \frac{GRDP}{E} \times \frac{E}{P} \qquad \langle \text{식 4.1} \rangle$$

여기서 $GRNI$는 지역민 총소득, $GRDP$는 지역내 총생산, E는 취업자, P는 인구이다.

〈식 4.1〉에 대한 자연대수의 분산은 1인당 GRNI의 지역 간 변동계수가 되고, 이는 다음과 같이 요인 분해가 가능하다(정준호 외, 2012).

$$var(\ln\frac{GRNI}{P}) = var(\ln\frac{GRNI}{GRDP}) + var(\ln\frac{GRDP}{E}) + var(\ln\frac{E}{P})$$

$$+ 2cov(\ln\frac{GRNI}{GRDP}, \ln\frac{GRDP}{E}) + 2cov(\ln\frac{GRNI}{GRDP}, \ln\frac{E}{P})$$

$$+ 2cov(\ln\frac{GRDP}{E}, \ln\frac{E}{P}) \qquad \langle \text{식 4.2} \rangle$$

역외 소득의 유출입을 반영한 1인당 GRNI의 요인분해의 결과를 보면(〈그림 4.8〉 참조), 생산소득과 분배소득과의 지리적 불일치를 나타내는 역내 소득분배율(역외 순소득의 유출입)이 노동생산성 다음으

〈그림 4.8〉 1인당 GRNI의 요인 분해(2000-14년)

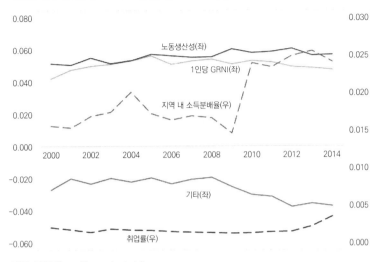

자료: 통계청(http://www.kosis.kr).
주: 1. 여기서의 변동계수는 인구가중치를 반영한 자연로그값의 분산이고, 기타는 공분산항들의 합임.
2. 2014년은 잠정치임.
3. 세종시는 충남에 포함.

로 지역 간 격차를 유발하는 요인으로 나타난다(박경, 2011; 정준호 외, 2012).

1인당 분배소득의 지역 간 격차를 심화시키는 가장 중요한 요인은 노동생산성이다. 지역의 산업구조와 (대)기업의 산업입지 및 투자전략이 지역 간 격차를 좌지우지하고 있다고 볼 수 있다. 예를 들면, 조선, 자동차, 석유화학 등 가공조립형과 기초소재형 제조업에서 대기업의 분공장과 관련 부품업체들이 집적되어 있는 울산과 충남의 경우 이들 산업이 수출주도형 재벌 대기업의 경쟁우위를 구성하고 있다. 이들 산업은 타 지역에 비해 더 많은 부가가치를 창출하고 있으며 따라서 1인당 노동생산성이 상대적으로 더 높다(정준호 외, 2012). 지속적인 노동생산성의 지역 간 차이가 장기적인 산업구조의 차이와 변화에 의해 야기된다고 본다면, 특히 노동생산성의 차이가 산업 고유의 물적·인적 자본의 요구량에 의해서 결정된다면, 노동생산성의 지역 간 차이는 일시적인 것이 아니라 구조적인 것이라고 볼 수 있다 (김종일, 2008; 정준호 외, 2012).

다음으로 눈여겨보아야 할 것은 노동생산성 다음으로 중요한 격차 요인인 지역 내 소득분배율, 즉 역외소득의 유출입이고, 이것이 2008 년 글로벌 외환위기 이후 급격한 상승세에 있다는 점이다. 따라서 생산소득의 수도권과 광역대도시로의 지리적 유입이 전체적으로는 지역 간 소득격차 완화에 기여하는 한편, 지역 간 소득격차를 심화시키고 있다. 그리고 최근 들어 취업률이 미세하게나마 지역 간 소득 격차의 요인으로 나타나고 있다.

2000년대 분배소득의 지역 간 격차를 야기하는 1인당 GRNI의 분산 변동에 크게 기여하는 지역은 서울이다(〈그림 4.9〉 참조). 1인당 GRNI의 지역 간 분산 변동에서 서울이 차지하는 비중이 2008년 글로벌 위기까지는 점차적으로 감소하다가 그 이후 급격히 상승하고 있다. 2014년 현재 그 비중은 56.4%에 이른다. 따라서 서울은 분배소득의 지역 간 격차를 야기하는 핵심 지역이다. 전술한 바와 같이 상당 규모의 역외 소득이 서울로 유입되고 있다. 따라서 서울을 제외하면 분배소득의 지역 간 격차가 그렇게 심하다고 볼 수는 없다. 이러한 점에서 전국차원에서 지역 간 소득격차는 서울과 나머지 지역들 간에 발생하고 있는 것으로 볼 수가 있을 것이다.

〈그림 4.9〉 1인당 GRNI의 지역 간 분산 변동의 지역별 기여율 추이

(단위: %)

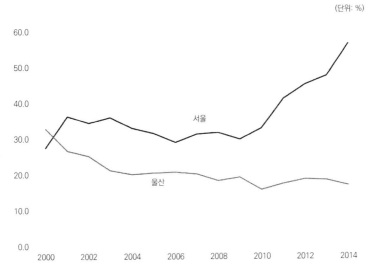

자료: 〈그림 4.8〉과 동일.
주: 1. 2014년은 잠정치임.
2. 세종시는 충남에 포함.

지역별 노동소득분배율의 산정과 그 추이

노동소득분배율의 산정

소득주도 성장론이 기존 성장모형에 대안으로 제기되면서 자본과
노동 간의 기능적 소득분배가 학계의 관심사로 등장하고 있다(이병희
외, 2014). 국민경제를 대상으로 노동소득분배율의 측정에 대한 논의
가 이루어져 왔으나 지역경제를 대상으로 노동소득분배율에 대한 체
계적인 논의는 전무한 실정이다. 예외적으로 허문구 외(2015)는 경남

노동소득분배율
국민(지역)소득에서 노동소득이 차지하는 비율이다.

의 노동소득분배율을 측정한 바가 있다. 이 절에서는 앞에서 기술한 지역계정을 가지고 체계적으로 지역별 노동소득분배율을 산정하고자 한다.

노동소득분배율의 측정 시 문제가 되는 것은 노동과 자본소득이 혼합되어 있는 자영업 및 무급·가급종사자, 즉 비임금근로자의 소득을 처리하는 방식이다(주상영, 2015). 즉 비임금근로자의 혼합소득을 어떻게 노동소득과 자본소득으로 배분할 것인지, 구체적으로는 국민(지역)계정상의 '개인 및 비영리단체의 영업잉여'를 어떻게 처리할 것인지 문제가 된다. 이 문제를 해결하기 위해 혼합소득을 각각 한편으로 묶어서 처리하거나, 아니면 법인부문에서와 동일한 비율로 혼합소득을 배분하는 가정이 주로 활용된다. 그리고 전체소득의 경우 부가가치 개념의 GDP 또는 이보다 범위가 협소한 요소비용국민(지역)소득을 일반적으로 사용한다.

노동소득분배율의 산정에 대한 통일된 방식은 존재하지 않는다. 한국은행은 혼합소득 전체를 자본소득으로 간주하여 '요소국민소득에 대한 임금근로자의 피용자보수'의 비율로서 이를 측정한다. 비임금근로자의 비중이 높고 소득수준이 낮은 한국적 현실에서 한국은행의 방식은 노동소득분배율을 과소측정하게 만든다(주상영, 2015).

이에 대한 대안으로서 주상영(2015)은 혼합소득을 법인부문에서와 동일한 비율로 배분하는 노동소득분배율 추정방식을 제안하였다. 이를 산식으로 나타내면 한국은행 방식은 〈식 4.3〉이고, 주상영(2015)이 제안한 방식은 〈식 4.4〉이다. 주상영(2015)의 방식은 법인과 비법인 부문의 노동소득분배율이 동일하다고 가정하는 것이고, 〈식 4.4〉에서 보듯이 실제로는 혼합소득을 제외한 법인부문만을 대상으로 산정한 노동소득분배율이다.

$$\text{한은방식} = \frac{\text{피용자보수}}{\text{요소비용국민(지역)소득}} \qquad \langle \text{식 4.3} \rangle$$

$$\text{한은방식 보정} = \frac{\text{피용자보수+혼합소득보정분}}{\text{요소비용국민(지역)소득}}$$

$$= \frac{\text{피용자보수}}{[\text{요소비용국민(지역)소득} - \text{혼합소득}]} \qquad \langle \text{식 4.4} \rangle$$

전술한 바와 같이, 국민계정과 지역계정의 편제는 사실상 동일하다. 요소비용국민소득은 일반적으로 국민소득(National Income, NI)라고 한다. 이는 자본, 노동, 토지 등의 생산요소에 대한 요소소득의 합계를 의미하고 고정자본소모, 순생산 및 수입세(생산 및 수입세 – 보조금)는 포함되지 않는다. 마찬가지로 요소비용지역소득, 즉 지역소득(Regional Income, GI)도 이와 같은 방식으로 도출할 수 있다. 이는 지역계정의 분배소득에서 구할 수 있으며, 순본원소득에서 순생산 및 수입세를 차감한 것이다. 왜냐하면 순본원소득이 원천 피용자보수, 원천 영업잉여, 원천 순생산 및 수입세, 그리고 원천 재산소득과 사용 재산소득의 차이의 합계이기 때문이다. 그리고 지역계정의 분배소득에서 개인의 영업잉여가 바로 혼합소득이다.

지역별 노동소득분배율의 추이

한은방식과 주상영(2015)의 한은방식 보정에 따라 두 가지의 지역별 노동소득분배율을 산정하고 노동소득분배율의 지역 간 격차를 인구가중변동계수를 통해 살펴보면, 한은방식과 한은방식의 보정을 통한 노동소득분배율의 지역 간 격차가 사실상 동일한 패턴을 따르고 있다(〈그림 4.10〉 참조). 한은방식의 보정을 통해 노동소득분배율을 산정한 경우 지역 간 격차가 한은방식의 그것보다는 다소 큰 것으로 나타난다.

2000년대 초반에는 노동소득분배율의 지역 간 격차가 벌어지다가 2005년과 2006년 사이에 일시적으로 완화되었으나 그 이후 2011년까지 지역 간 격차가 지속적으로 확대되었다. 하지만 글로벌 금융위기의 여파로 2009년에 일시적으로 격차가 감소했으며 2011년 이후

〈그림 4.10〉 노동소득분배율의 지역간 격차 추이: 한은방식과 한은방식 보정 비교

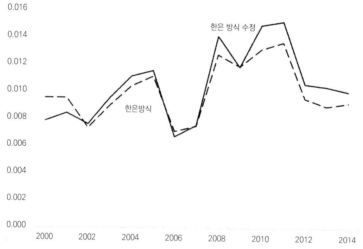

자료: 통계청(http://kosis.kr).
주: 1. 여기서의 변동계수는 인구가중치를 반영한 자연로그값의 분산임.
2. 2014년 수치는 잠정치임.
3. 세종시는 충남에 포함.

다시 지역 간 격차가 완화되었다. 따라서 2000년대 중반 이후 노동소득분배율의 지역 간 격차가 확대되었으나 최근 들어 그 격차가 완화되는 추세이다. 이는 대기업의 수출주도형 성장이 위력을 발휘하던 2000년대 중후반에 노동소득분배율의 지역 간 격차가 심화되다가 그 위력이 소진되고 있는 2010년대에 들어와서 그것의 지역 간 격차가 완화되고 있는 것이다.

노동소득분배율의 지역 간 격차의 추이는 2000년대 중반에 일시적으로 떨어진 것을 제외하고는 1인당 GRDP의 지역 간 격차의 그것과 유사하다. 노동소득분배율은 대체적으로 고용구조의 고도화(피용자 비율의 증가), 산업구조의 고도화(고용집약도의 하락을 상쇄하는 노동생산성 증가), 노동우위(노동생산성 증가율을 상회하는 실질임금 상승률)에 의해 영향을 받는다. 이러한 점에서 노동소득분배율의 지역 간 격차는 지역의 고용과 산업구조의 고도화, 즉 지역 간의 생산력 수준의 격차와 긴밀한 연관이 있을 것으로 보인다. 이러한 지역에는 주로 대기업 분공장이 입지하여 있으며 경우에 따라서는 대기업 노조의 위력이 강력하다.

〈그림 4.11〉은 지역별 노동소득분배율의 추이를 보여주고 있다. 전국차원을 보면 한은방식과 한은방식 보정의 노동소득분배율의 추세가 다르다. 한은방식의 노동소득분배율은 2004년과 2009년을 제외하고는 지속적으로 증가하는 데 반하여 한은방식 보정의 그것은 2000년대에는 지속적으로 하락하다가 2011년 이후 다시 증가하는 추세이다. 이는 기존의 연구결과(주상영, 2015; 이병희 외, 2014)와 대체적으로 일치한다.

지역별로 노동소득분배율의 추이는 상이하다. 권역별로 나누어 이

<그림 4.11> 지역별 노동소득 분배율의 추이(2000-14년)

(단위: %)

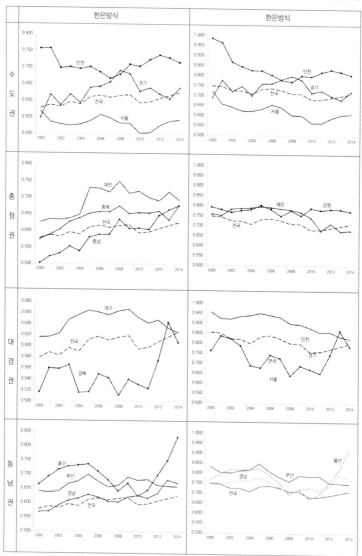

(단위: %)

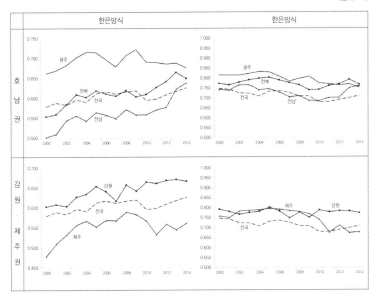

자료: 통계청(http://kosis.kr). 구체적인 수치는 〈부표 4.3〉 참조.
주: 1. 2014년 수치는 잠정치임.
2. 세종시는 충남에 포함.

를 살펴보면, 수도권의 경우 서울, 경기, 인천의 노동소득분배율의 추이가 한은방식이든 한은방식 보정이든 거의 유사하다. 이는 자영소득의 추이가 일정하여 이 소득의 보정이 노동소득분배율의 계산에 의미있는 효과를 발휘하지 않는다는 것을 함의한다. 주목할 만한 것은 서울의 노동소득분배율이 전국의 그것을 하회한다는 것이다. 이는 법인영업잉여의 몫, 즉 자본소득의 비중이 여타 지역의 그것보다 매우 높기 때문이다. 이는 본사가 집중되어 있어 서울이 경제권력의 관제고지 역할을 한다는 것을 시사한다. 그리고 한은방식 보정의 서울의 추이가 전국의 그것과 거의 유사한 패턴을 따르고 있지만 한은방식의 경우에는 그렇지가 않다. 이는 서울이 전국에 미치는 효과가 크다는 것을 시사한다.

추세로 보면 서울과 인천의 경우 2000년대에 대체적으로 노동소득분배율이 하락하다가 2010년대에 접어들어서는 반전 추세이다. 반면에 경기의 경우 이와는 반대의 패턴을 보여주고 있다. 노동소득분배율의 추세적 하락은 자영부문의 쇠퇴와 자본소득의 증가를 반영하는 것으로 이해될 수 있다(이병희 외, 2014). 경기의 경우 2000년대에 노동소득분배율이 추세적으로 상승한 것은 직주분리, 즉 통근에 따른 (비)임금근로자의 역외소득의 유입효과가 작용한 것으로 보이며, 반면에 글로벌 금융위기 이후 노동소득분배율이 추세적으로 하락하고 있는 것은 경기하락에 따라 (비)임금근로자의 역외소득의 유입효과가 줄어들고 있기 때문인 것으로 보인다.

충청권의 경우 한은방식을 보면 전국의 노동소득분배율 추이와 마찬가지로 충북과 충남의 노동소득분배율 추이도 상승세이다. 특히 충남의 상승세가 가파른데, 대전의 경우는 상승 추세이지만 2000년대 중반 이후 하락하고 있다. 반면에 한은방식 보정의 경우 2000년대 초반에는 충남과 대전의 추세가 전국의 그것과 유사하다. 충남의 경우 2000년대 중반 이후 추세가 상승하다 글로벌 경제위기의 여파로 그 추세가 꺾이다가 다시 상승하고 있다. 대전의 경우 2000년대 중반 이후 등락을 거듭하면서 하락하는 추세이다. 충북의 경우에는 2000년대 중반까지 약간의 상승 추세를 보여주다 그 이후에는 지속적으로 하락하는 추세이다. 한은방식과 한은방식 보정의 두 노동소득분배율의 추세가 차이나는 것은 자영소득이 일정하지 않고 등락이 심하다는 것을 시사한다. 이는 경기변동에 따라 자영부문의 소득이 불안정하다는 것을 함의한다.

대구·경북의 경우 한은방식을 보면 대구의 노동소득분배율은 2008년까지는 상승하다 그 이후 하락하는 추세이다. 경북의 노동소득분배율은 전국의 그것을 하회하고 2000년대 내내 심한 등락을 보이면서 추세적으로 하락하다가 2010년대에 급격히 상승하였다. 반면에 한은방식 수정의 노동소득분배율로 볼 때는 대구는 2000년대 중반 이후 지속적으로 하락하는 추세이다. 경북은 앞의 한은방식의 추세와 대체로 비슷한 양상을 보여주고 있다.

동남권의 경우 한은방식의 노동소득분배율을 보면 울산의 경우 2000년대 초반에 상승, 중후반에 하락, 그리고 2010년대에 급격히 증가하는 양상이다. 부산도 2000년대에는 울산과 유사한 패턴이지만 2010년대에는 울산과 달리 하락하는 추세이다. 경남은 2000년대 중후반과 글로벌금융위기의 영향을 제외하고는 지속적으로 증가하는 추세를 보여준다. 반면에 한은방식 수정의 경우 울산과 부산은 한은방식과 추세에서 비슷한 양상을 보여주고 있다. 그러나 경남은 2000년대 초반에 상승, 중반에 하락, 2008년 이후에 상승하는 추세를 보여준다.

호남권의 경우 한은방식의 노동소득분배율을 보면, 광주는 2000년대 초반에 상승, 중후반에 등락, 2010년대에는 하락하는 추세를 보여주고 있다. 전북과 전남의 추세는 지속적으로 상승 추세이지만 전남의 노동소득분배율은 대체적으로 전국의 그것을 하회하고 있다. 반면에 한은방식 보정의 노동소득분배율을 보면 대체적으로 2010년대를 제외하면 광주, 전·남북이 유사한 패턴을 보여주고 있다. 2000년대 초반에는 상승하다 중후반에는 하락하는 추세이다. 2010

년대에는 전·남북은 상승세이지만 광주는 여전히 하락세이다.

강원·제주권의 경우 한은방식의 노동소득분배율을 보면 강원은 2000년대 중반를 제외하고는 지속적으로 상승하는 추세를 보여준다. 제주는 전국 수준을 하회하고 2000년대 후반까지는 상승하다가 글로벌 금융위기 이후 등락이 있기는 하지만 하락하는 추세이다. 반면에 한은방식 보정의 경우 강원은 2000년대 초반에는 상승, 중후반에는 등락을 보여주며 하락세, 글로벌 금융위기 이후에는 다시 하락세이다. 제주의 경우 한은방식과는 달리 전국수준을 넘어서고 있으며 조금씩이지만 계속해서 하락세를 보여주고 있다. 특히 제주는 자영소득 비중이 다른 지역보다 크다는 것을 알 수가 있다.

한은방식과 한은방식 보정의 노동소득분배율의 지역별 추이는 다음과 같이 몇 가지로 요약될 수 있을 것으로 보인다.

첫째, 한은방식과 한은방식 교정의 노동소득분배율 추세에서 대체적으로 그 차이가 없는 지역은 광주와 대구를 제외한 광역대도시와 수도권이다. 이는 자영소득의 추이가 경기변동과 무관하게 일정하다는 것을 의미한다. 주지하는 바와 같이, 경쟁강도가 심한 우리나라의 자영업을 지지하는 수요를 대도시와 수도권이 떠받치고 있다는 것을 시사한다.

둘째, 대기업의 분공장이 집중되어 있는 울산, 경남, 충남 등 제조업 우세지역의 경우 대체적으로 2000년대 중후반에 노동소득분배율이 하락하는 추세를 보여주고 있다. 대기업 위주의 수출주도형 성장이 그 위력을 발휘하는 시기가 2000년대 중후반이라는 점에서 이는 이러한 성장방식의 결실이 상대적으로 자본소득의 몫을 증가하는 방향으로 진행되었다는 것을 시사한다.

셋째, 서울과 전국의 노동소득분배율의 추세가 대체적으로 유사하여 서울이 전국에 미치는 효과가 상당하다는 것을 알 수가 있다.

넷째, 지역별 노동소득분배율의 추세가 전국의 그것과 상이한 패턴을 보여주는 데가 많아 지역별 차별성이 존재한다는 것이다. 이는 지역별 산업구조 및 자영업의 규모와 성격 등에 의존하고 있다.

지역불평등 해소를 위한 정책의 필요성

본고는 통계청의 지역계정 자료를 가지고 1인당 GRDP와 1인당 GRNI에 대한 인구가중변동계수를 통해 지역 간 소득격차의 추이를 검토하고 나서, 지역별 역외소득의 유출입 규모와 그 추이를 계산하였으며, 1인당 GRNI에 대한 요인분해를 통해 지역 간 소득격차의 요인을 파악하였으며, 자본과 노동 간의 1차적 소득분배를 파악하기 위해 지역별 노동소득분배율을 산정하였다.

1인당 GRDP와 1인당 GRNI를 가지고 지역 간 소득격차의 추이를 보면 2010년대에 접어들어 두 소득의 지역 간 격차가 완화되고 있다. 이는 저성장기 진입에 따른 지역 간 소득의 하향평준화를 반영하고 있는 것으로 보인다.

지역 간 소득격차의 문제를 다룰 경우 1인당 GRDP와 소비수준을 사용할 경우 수도권과 비수도권 간의 문제가 아니라, 비수도권 내 광역대도시와 인근 공업지역들 간의 문제라는 기존의 연구들(예: 문형표, 2003; 김종일, 2008; 김광호, 2008)이 존재한다. 하지만 생산소득과 분배소득을 연계·조정하여 역외 순소득의 규모를 산정하고 소득 유출입의 공간적 패턴을 분석한 결과는 소득 흡인의 블랙홀인 수도권과 소득유출지인 비수도권으로 이분법적인 지역 간 소득격차의 패턴이 나타난다는 점을 보여주고 있다. 즉 이는 기존의 선행연구들(예: 문형표, 2003; 김종일, 2008; 김광호, 2008)과는 상이한 결과를 보여주고 있다.

전국단위에서는 수도권과 비수도권 간의 이분법적 격차 구조가 형성되어 있지만, 앞의 연구들(문형표, 2003; 김종일, 2008: 김광호, 2008)이 지적하는 바와 같이, 비수도권 내에서는 광역대도시와 인근 배후지 간의 격차 구조가 나타나고 있다. 소득유입(예: 수도권 또는 광역대도시)과 창출지(비수도권 또는 인근 공업지역) 간에 '중심과 주변부 공간구조'가 형성되어 있는 것으로 보인다.

수도권, 특히 서울로의 역외소득의 유입은 2000년대에 지속적으로 나타나고 있고, 그 규모가 감소하지 않고 있으며, 반면에 수도권 내 광역대도시로의 역외소득의 유입은 지역별로 변동이 있기는 하지만 대체로 감소하고 있다. 역외소득의 유출입은 지역경제에서는 당연한 현상이어서 그것 자체가 문제가 될 수는 없지만, 그 유출입 규모가 지역경제의 선순환에 심각한 영향을 미친다면 이에 대한 정책적 대응이 필요하다. 이는 지역 간 소득격차가 단순히 일시적인 지표상의 문제 또는 공간분포의 문제로 끝나는 것이 아니라, 지역의 입지적 매력도에 따른 구조적인 문제라는 것을 보여주고 있다. 그 이면에는 구상기능과 정치경제 권력의 관제고지 역할을 담당하는 수도권과 실행기능 중심의 특화에 기반을 둔 가공조립형 산업화가 구조적으로 자리하고 있으며 이에 따라 노동생산성의 격차가 지역 간 소득격차를 유발하는 주요 요인으로 부각되고 있다. 또한, 역외소득의 수도권으로의 일방적 유입은 중심과 주변부 간의 경제적 권력 행사의 문제를 제기하고 있다.

　지역 간 소득격차의 요인을 파악하기 위해 역외소득의 유출입을 반영하고 있는 1인당 GRNI의 지역 간 격차를 요인 분해할 경우 노동생산성이 이러한 격차를 유발하는 가장 중요한 요인이며, 특히 글로벌 금융위기 이후 역외소득의 유출입 또한 지역 간 소득격차를 야기하는 주요 요인으로 부각되고 있다. 그리고 취업률의 지역 간 격차도 최근 들어 1인당 GRNI의 지역 간 격차를 유발하는 요인으로 나타나고 있다. 이는 지역별 취업난이 지역 간 소득격차를 야기하고 있다는 것을 의미한다.

　노동소득분배율을 한은방식과 한은방식 보정으로 지역별로 산정한 결과 전국의 경우 2000년대에는 하락하는 추세를 보여주다가 2010년대에 접어들어서는 증가하는 추세이다. 광주와 대구를 제외한 광역대도시와 수도권의 경우 자영소득의 추이가 경기변동과 무관하게 일정하다. 대기업의 분공장이 집중되어 있는 제조업 특화지역의 경우 대체적으로 2000년대 중후반에 노동소득분배율이 하락하는 추세를 보여주고 있다. 서울과 전국의 노동소득분배율의 추세는 대체적으로 유사하여 서울이 전국에 미치는 효과가 상당하다. 지역별 노동소득분배율의 추세는 전국의 그것과 상이한 패턴을 보여주어 지역별 차별성이 존재한다. 이로부터 몇 가지 시사점이 도출된다. 첫째, 서울의 경우 자본소득의 집중이 과도하여 상대적으로 노동소득분배율이 낮지만, 이는 경제권력의 관제고지라는 것을 시사한다. 둘째, 2000년대 중후반에 대기업 주도의 수출주도형 성장방식은 자본소득의 몫을 증가하는 방향으로 나아갔다는 점이다. 셋째, 노동소득분배율의 지역별 차이는 산업구조와 자영업의 규모와 성격 등에 의

존한다는 것이다.

우리나라의 지역문제는 고숙련의 활용보다는 설비투자 중심의 가공조립형 산업화와 긴밀히 연관되어 있기 때문에 지역문제 그 자체로는 지역 간 소득격차를 쉽게 해소할 수 없을 것으로 보인다. 특히 과도한 공간 집중이 심각하다. 지역 간 소득격차의 심화는 수도권과 비수도권 간의 숙련수준의 공간적 차별화와 연관되어 있어 사회적 결속과 통합의 문제를 제기하고 있기 때문에 지역문제는 경제적 문제이자 사회·정치적 문제이기도 하다.

따라서 지역정책은 내생적인 발전전략과 고숙련형성을 가능케 하는 혁신 및 고용정책들과 긴밀히 연계되어야 한다. 영국의 남북분단(North-South Divide)과 같이 '수도권과 비수도권 간 두 국민'의 출현에 대해 경계를 해야 하며, 이는 심한 사회적 갈등을 야기하고 수도권으로의 일국집중을 더욱더 가속화시킬 수 있다는 점에 유의해야 한다.

〈부표 4.1〉 원천 분배소득의 지역별 점유율

(단위: %)

		2000	2001	2002	2003	2004	2005	2006	2007	2008	2009	2010	2011	2012	2013	2014
수도권	피용자보수	53.2	53.7	54.2	54.3	54.7	55.1	55.6	55.9	55.8	55.2	55.6	55.5	55.6	55.3	55.1
	영업잉여	61.7	61.9	64.8	65.5	65.5	65.4	64.5	64.2	62.8	62.9	64.6	64.3	65.0	65.6	64.5
	재산소득	71.6	72.1	71.2	71.5	71.3	70.6	71.3	72.1	72.9	71.9	71.9	71.3	71.1	71.5	70.5
	총본원소득	51.4	52.0	53.3	53.7	53.8	53.9	54.0	54.1	53.8	53.4	54.9	54.2	54.2	54.8	54.2
	인구비중	46.3	46.6	47.1	47.5	47.9	48.2	48.5	48.8	49.0	49.1	49.3	49.4	49.5	49.6	49.6
비수도권	피용자보수	46.8	46.3	45.8	45.7	45.3	44.9	44.4	44.1	44.2	44.8	44.4	44.5	44.4	44.7	44.9
	영업잉여	38.3	38.1	35.2	34.5	34.5	34.6	35.5	35.8	37.2	37.1	35.4	35.7	35.0	34.4	35.5
	재산소득	28.4	27.9	28.8	28.5	28.7	29.4	28.7	27.9	27.1	28.1	28.1	28.7	28.9	28.5	29.5
	총본원소득	48.6	48.0	46.7	46.3	46.2	46.1	46.0	45.9	46.2	46.6	45.1	45.8	45.8	45.2	45.8
	인구비중	53.7	53.4	52.9	52.5	52.1	51.8	51.5	51.2	51.0	50.9	50.7	50.6	50.5	50.4	50.4

자료: 통계청(http://kosis.kr).
주: 1. 2014년 수치는 잠정치임.
2. 세종시는 충남에 포함.

〈부표 4.2〉 지역별 역외소득의 유출입 규모 추이

(단위: 10억 원, 2010년 가격 기준)

	2000	2001	2002	2003	2004	2005	2006
서울	7,000	21,090	20,391	27,262	34,048	35,309	32,986
부산	6,860	6,218	6,601	4,427	2,662	1,943	4,144
대구	5,388	5,477	5,471	5,045	5,048	4,701	4,782
인천	-2,901	-3,254	-3,132	-2,659	-3,358	-2,446	-1,439
광주	2,115	2,155	1,736	1,875	1,632	1,164	1,329
대전	2,736	3,294	3,410	3,682	3,428	1,867	2,348
울산	-7,478	-8,126	-9,127	-9,117	-11,499	-11,174	-10,857
경기	16,726	6,915	15,144	14,205	20,149	14,461	17,805
강원	-1,801	-1,346	-1,241	-1,932	-2,248	-2,329	-2,385
충북	-3,369	-3,002	-3,423	-3,392	-4,387	-3,953	-4,354
충남	-8,892	-9,440	-10,632	-11,824	-11,985	-13,448	-14,342
전북	-828	-728	-1,727	-2,042	-2,807	-2,454	-2,577
전남	-8,225	-8,822	-9,698	-10,854	-12,241	-12,526	-11,594
경북	-7,738	-9,149	-9,748	-10,472	-10,670	-10,165	-11,866
경남	-6,980	-7,468	-8,937	-9,320	-10,420	-11,011	-10,536
제주	363	183	-103	-334	-398	-236	-269

〈**부표 4.2**〉 지역별 역외소득의 유출입 규모 추이(계속)

	2007	2008	2009	2010	2011	2012	2013	2014
서울	40,395	45,613	38,090	55,753	57,814	52,638	50,591	52,390
부산	4,630	4,267	4,000	4,167	5,603	10,199	10,473	12,023
대구	4,590	6,256	4,983	5,714	6,350	6,624	7,300	9,258
인천	-975	3,152	1,503	562	1,394	3,720	4,315	4,817
광주	1,494	1,530	2,409	2,080	2,206	2,581	2,405	3,368
대전	2,521	1,414	3,068	2,792	3,182	3,719	3,172	4,554
울산	-10,938	-11,057	-8,723	-10,848	-13,097	-13,813	-14,563	-16,922
경기	14,178	17,779	10,772	21,887	23,150	32,084	33,334	24,919
강원	-2,337	-3,137	-1,881	-2,950	-2,989	-3,204	-3,582	-3,521
충북	-4,934	-3,737	-3,593	-5,559	-6,446	-6,034	-6,296	-7,182
충남	-15,817	-17,725	-16,878	-23,369	-23,539	-23,791	-23,937	-26,317
전북	-2,730	-2,567	-3,242	-3,831	-4,500	-4,109	-4,373	-3,978
전남	-12,755	-16,392	-11,381	-15,821	-17,434	-16,455	-15,086	-14,572
경북	-11,924	-11,631	-11,312	-15,146	-12,047	-15,332	-19,328	-15,782
경남	-11,155	-10,750	-12,107	-13,898	-11,428	-14,186	-16,501	-14,290
제주	-424	-653	-110	-262	332	-177	344	549

자료: 통계청(http://kosisk.kr)
주: 1. 2014년 수치는 잠정치임
2. 세종시는 충남에 포함.

〈부표 4.3〉 지역별 노동소득 분배율의 추이(2000-2014, 한은방식)

(단위: %)

	2000	2001	2002	2003	2004	2005	2006	2007	2008	2009	2010	2011	2012	2013	2014
전국	0.579	0.589	0.583	0.597	0.591	0.612	0.617	0.611	0.617	0.619	0.596	0.599	0.609	0.618	0.626
서울	0.570	0.538	0.530	0.526	0.530	0.540	0.559	0.549	0.534	0.534	0.504	0.506	0.527	0.540	0.544
부산	0.641	0.638	0.641	0.667	0.677	0.700	0.676	0.656	0.661	0.691	0.681	0.683	0.664	0.661	0.659
대구	0.616	0.617	0.623	0.648	0.657	0.665	0.662	0.657	0.663	0.667	0.652	0.642	0.648	0.633	0.626
인천	0.757	0.757	0.699	0.701	0.696	0.702	0.686	0.668	0.680	0.710	0.704	0.724	0.738	0.729	0.715
광주	0.662	0.670	0.683	0.702	0.716	0.715	0.697	0.679	0.707	0.722	0.691	0.689	0.686	0.688	0.676
대전	0.626	0.635	0.634	0.638	0.650	0.729	0.728	0.717	0.749	0.713	0.720	0.701	0.692	0.718	0.694
울산	0.665	0.692	0.716	0.728	0.732	0.736	0.711	0.681	0.643	0.670	0.626	0.645	0.698	0.749	0.832
경기	0.551	0.619	0.588	0.620	0.594	0.640	0.644	0.657	0.691	0.682	0.630	0.640	0.622	0.607	0.640
강원	0.602	0.608	0.603	0.627	0.634	0.653	0.640	0.617	0.657	0.642	0.665	0.661	0.668	0.671	0.666
충북	0.576	0.589	0.605	0.628	0.639	0.653	0.658	0.658	0.675	0.653	0.656	0.655	0.661	0.634	0.679
충남	0.504	0.524	0.533	0.554	0.540	0.582	0.590	0.590	0.635	0.609	0.610	0.606	0.647	0.665	0.678
전북	0.554	0.560	0.585	0.610	0.603	0.619	0.611	0.606	0.620	0.604	0.610	0.628	0.642	0.665	0.650
전남	0.502	0.510	0.544	0.557	0.543	0.565	0.559	0.550	0.572	0.559	0.560	0.571	0.578	0.623	0.639
경북	0.517	0.560	0.559	0.566	0.517	0.518	0.550	0.543	0.512	0.541	0.532	0.524	0.575	0.644	0.608
경남	0.570	0.571	0.593	0.609	0.617	0.630	0.621	0.607	0.604	0.622	0.627	0.618	0.635	0.682	0.671
제주	0.478	0.510	0.533	0.557	0.567	0.552	0.569	0.568	0.589	0.583	0.567	0.533	0.559	0.545	0.561
수도권	0.577	0.584	0.566	0.576	0.568	0.592	0.603	0.601	0.605	0.606	0.570	0.576	0.583	0.584	0.599
충청권	0.564	0.579	0.587	0.603	0.602	0.648	0.652	0.649	0.682	0.654	0.656	0.649	0.665	0.672	0.683
전라권	0.566	0.573	0.600	0.619	0.615	0.630	0.620	0.610	0.631	0.626	0.619	0.629	0.635	0.659	0.655
대구 경북권	0.563	0.587	0.589	0.605	0.578	0.582	0.601	0.595	0.578	0.597	0.586	0.578	0.609	0.638	0.616
동남권	0.619	0.622	0.635	0.655	0.664	0.680	0.661	0.642	0.635	0.660	0.648	0.650	0.659	0.685	0.692

자료: 통계청(http://kosis.kr).
주: 1. 2014년 수치는 잠정치임.
2. 세종시는 충남에 포함.

〈부표 4.4〉 지역별 노동소득 분배율의 추이(2000-2014, 한은방식 보정)

(단위: %)

	2000	2001	2002	2003	2004	2005	2006	2007	2008	2009	2010	2011	2012	2013	2014
전국	0.749	0.745	0.726	0.725	0.710	0.734	0.738	0.727	0.711	0.710	0.681	0.682	0.691	0.701	0.711
서울	0.723	0.658	0.643	0.625	0.623	0.634	0.656	0.641	0.603	0.602	0.565	0.566	0.590	0.606	0.610
부산	0.833	0.804	0.801	0.811	0.817	0.849	0.809	0.781	0.760	0.790	0.785	0.787	0.753	0.751	0.749
대구	0.819	0.796	0.795	0.803	0.807	0.815	0.808	0.802	0.779	0.777	0.764	0.749	0.751	0.735	0.727
인천	0.984	0.962	0.867	0.845	0.826	0.826	0.804	0.779	0.770	0.801	0.797	0.818	0.831	0.820	0.805
광주	0.817	0.816	0.816	0.823	0.833	0.831	0.809	0.785	0.798	0.809	0.776	0.770	0.766	0.770	0.753
대전	0.764	0.762	0.749	0.739	0.750	0.846	0.850	0.830	0.850	0.799	0.811	0.787	0.773	0.807	0.776
울산	0.770	0.794	0.819	0.817	0.817	0.823	0.791	0.754	0.694	0.723	0.673	0.695	0.755	0.817	0.918
경기	0.691	0.777	0.721	0.746	0.701	0.760	0.762	0.782	0.799	0.779	0.716	0.727	0.700	0.681	0.723
강원	0.794	0.782	0.769	0.777	0.783	0.803	0.784	0.750	0.778	0.753	0.789	0.780	0.785	0.784	0.774
충북	0.783	0.774	0.783	0.786	0.796	0.806	0.806	0.799	0.794	0.766	0.765	0.763	0.765	0.725	0.777
충남	0.734	0.737	0.722	0.721	0.693	0.746	0.751	0.745	0.777	0.730	0.720	0.711	0.759	0.769	0.788
전북	0.774	0.767	0.780	0.792	0.799	0.804	0.790	0.777	0.766	0.741	0.743	0.763	0.770	0.793	0.768
전남	0.744	0.740	0.766	0.767	0.742	0.747	0.731	0.706	0.712	0.689	0.687	0.702	0.703	0.752	0.762
경북	0.684	0.736	0.726	0.702	0.633	0.626	0.670	0.657	0.597	0.632	0.620	0.606	0.671	0.755	0.700
경남	0.756	0.747	0.756	0.757	0.765	0.776	0.758	0.733	0.703	0.720	0.729	0.716	0.735	0.792	0.776
제주	0.760	0.752	0.785	0.788	0.790	0.796	0.793	0.786	0.781	0.770	0.742	0.678	0.713	0.675	0.680
수도권	0.729	0.724	0.690	0.688	0.670	0.698	0.710	0.706	0.690	0.686	0.643	0.649	0.654	0.656	0.674
충청권	0.759	0.757	0.749	0.746	0.740	0.796	0.799	0.788	0.806	0.762	0.761	0.749	0.765	0.768	0.781
전라권	0.777	0.773	0.787	0.794	0.791	0.794	0.777	0.756	0.759	0.746	0.735	0.746	0.747	0.772	0.761
대구 경북권	0.747	0.765	0.759	0.750	0.709	0.708	0.733	0.723	0.676	0.697	0.685	0.670	0.708	0.745	0.713
동남권	0.793	0.782	0.788	0.792	0.798	0.816	0.786	0.757	0.724	0.749	0.739	0.739	0.747	0.779	0.788

자료: 통계청(http://kosis.kr).
주: 1. 2014년 수치는 잠정치임.
2. 세종시는 충남에 포함.

제5장
사회안전망과 조세의 재분배기능

한국은 IMF 경제위기를 겪으면서 인적 구조조정에 의한 대량실업사태, 그리고 이로 인한 불안정노동과 빈곤문제가 본격화되자 비로소 사회안전망(social safety net)에 대한 사회적 논의가 시작되었다. 즉 사회안전망이란 모든 국민들을 빈곤, 재해, 노령, 질병 등의 사회적 위험으로부터 보호하기 위한 국가의 사회정책을 일컫는 것으로 광의로 보면 사회보험과 공공부조 및 사회서비스 등의 사회보장제도와 더불어 노동시장정책으로서의 공공근로 및 취업교육을 포괄하는 개념이다. 그러므로 무엇보다 정부의 복지(재정)지출의 양적 증가는 구조적이고 제도적 복지설계와 함께 반드시 고려되어야 할 사항이다.

사회복지지출
사회적 위험(노령, 질병, 실업, 재해 등)으로부터 개인을 보호하기 위해 지출되는 사회적 급여 및 재정 지출을 의미한다. 크게 민간기업 및 단체에 의해 지급되는 법정민간사회복지지출과 정부에 의해 지급되는 공공사회복지지출이 있다.

공공사회복지지출
사회복지지출 중에서 국가의 재정 및 공적 기금을 통해 이루어지는 복지지출을 일컫는다. 일반정부지출(공공부조, 사회보상, 사회복지서비스) 및 사회보험지출(국민연금, 건강보험, 산재보험, 고용보험, 장기요양)로 구성되어 있다.

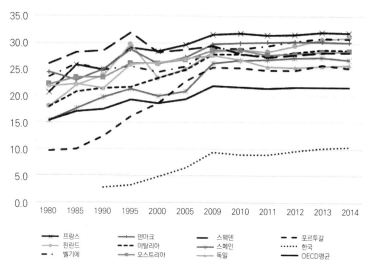

자료: OECD.stat.; Dataset: Social Expenditure-Aggregated data(2015년 10월 19일 검색).
구체적인 수치는 〈부표 5.1〉 참조.
주: OECD 회원국 중 2014년 기준 상위 10개국/한국/OECD 평균비교.

하지만 주지하다시피 한국의 국내총생산(GDP)대비 공공사회복지지출(public social expenditure)을 OECD 회원들과 비교해보면 OECD 평균 지출 증가 추이를 따라가고는 있고 최근 10년간 지출증가분도 높은 편에 속한다(〈그림 5.2〉). 하지만 여전히 GDP에서 차지하는 몫은 회원국 중 최하위권에 머물러 있으며, 2014년 평균값(21.6)과 비교하면 그 절반값(10.4)에도 미치지 못하고 있다(〈그림 5.1〉).

여기서는 우선 국민연금, 건강보험, 고용보험 가입률 추이를 임금노동자들을 중심으로 살펴본 후, 사회보험 중 고용안전망의 핵심제도라고 할 수 있는 고용보험 적용실태와 국민기초생활보장제도, 그리고 건강보험 적용률 등의 현황에 대해 살펴보기로 한다.

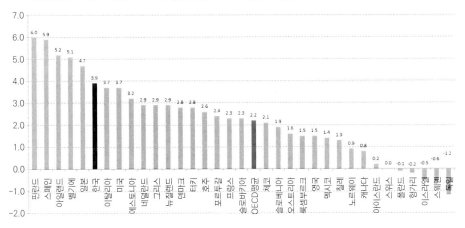

〈그림 5.2〉 최근 10년간 GDP대비 공공사회복지지출 증가량(2005-14년)

자료: OECD.stat.; Dataset: Social Expenditure-Aggregated data(2015년 10월 19일 검색).
주: 칠레·이스라엘·뉴질랜드·터키: 2005~2013, 멕시코: 2005~2012, 일본: 2005~2011.

사회보험 가입비율

근로형태별 사회보험 가입비율

〈그림 5.3.1〉, 〈그림 5.4.1〉, 〈그림 5.5.1〉은 임금노동자 중 정규직과 비정규직 간 사회보험 가입률의 차이를 보여주고 있다. 2015년 3월 조사에서는 3대 사회보험에 관해 정규직은 80%를 상회한 반면, 비정규직은 국민연금 38%, 건강보험과 고용보험은 각각 45.2%와 44%만이 가입되어 있다.

경제활동인구조사 부가조사에서 집계되는 비정규직은 한시적근로자(임시근로), 시간제근로자(파트타임), 비

시간제근로자
직장(일)에서 근무하도록 정해진 근로시간이 동일 사업장에서 동일한 종류의 업무를 수행하는 근로자의 근로시간보다 1시간이라도 짧은 근로자로, 평소 1주에 36시간 미만 일하기로 정해져 있는 근로자를 말한다.

비진형근로지
파견근로자, 용역근로자, 특수형태근로종사자, 가정내(재택, 가내)근로자, 일일(단기)근로자를 지칭한다.

〈그림 5.3.1〉 임금근로자 중 정규직-비정규직 국민연금 가입비율 추이

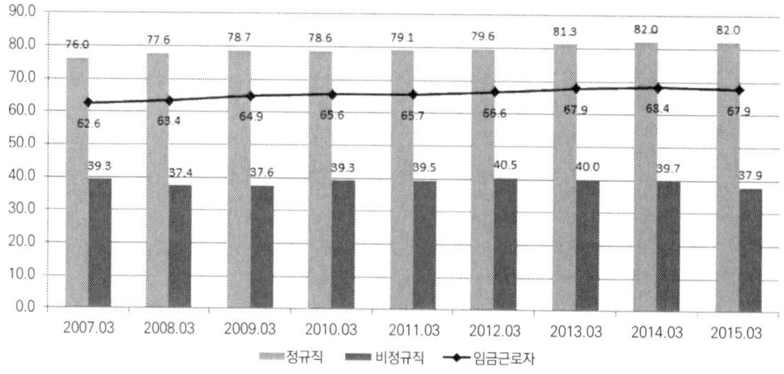

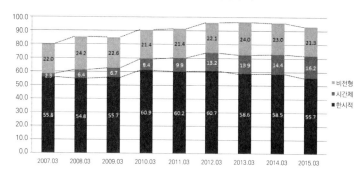

자료: 통계청. 경제활동인구조사 근로형태별 부가조사. 각 연도.

전형근로자 등을 일컫는다. 비정규직 중에서 특히 시간제근로자들과 비전형근로자들의 사회보험 가입률이 특히 낮은데, 이는 곧 이들 노동자들에 대한 사회적 보호가 취약한 상태임을 그대로 드러내고 있다(〈그림 5.3.2〉, 〈그림 5.4.2〉, 〈그림 5.5.2〉).

〈그림 5.3.2〉 비정규직 고용형태별 국민연금 가입비율 추이

자료: 통계청. 경제활동인구조사 근로형태별 부가조사.

〈그림 5.4.1〉 임금근로자 중 정규직–비정규직 건강보험 가입비율 추이

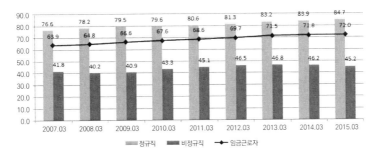

자료: 통계청. 경제활동인구조사 근로형태별 부가조사.

〈그림 5.4.2〉 비정규직 고용형태별 건강보험 가입비율 추이

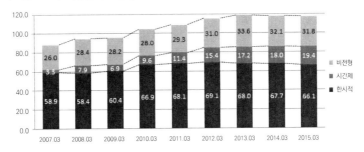

자료: 통계청. 경제활동인구조사 근로형태별 부가조사.

⟨그림 5.5.1⟩ 임금근로자 중 정규직-비정규직 고용보험 가입비율 추이

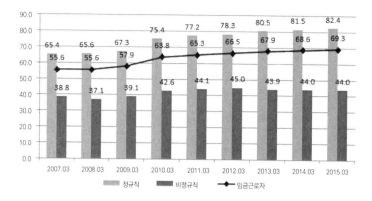

자료: 통계청. 경제활동인구조사 근로형태별 부가조사.

⟨그림 5.5.2⟩ 비정규직 고용형태별 고용보험 가입비율 추이

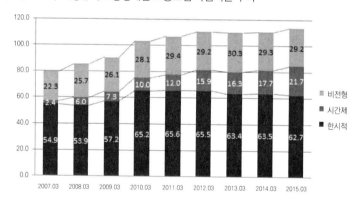

자료: 통계청. 경제활동인구조사 근로형태별 부가조사.

146

소득분위별 사회보험 가입비율

소득수준과 사회보험 가입비율은 비례하는 것으로 나타난다. 소득분위별(5분위) 사회보험 가입비율을 살펴보면, 저소득층 직장가입자의 사회보험 가입비율이 중상위 소득층 가입비율보다 현저하게 낮다는 점을 확인할 수 있는데, 이들 저소득층이 대부분 사회보험 사각지

〈그림 5.6.1〉 국민연금: 직장가입자

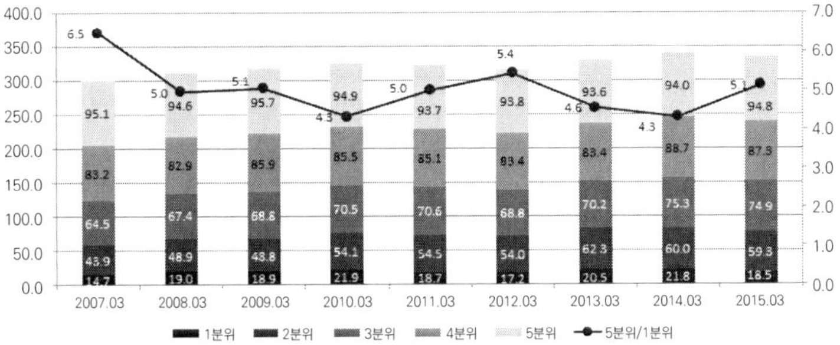

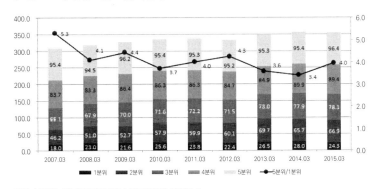

자료: 통계청. 경제활동인구조사 근로형태별 부가조사.

〈그림 5.6.2〉 건강보험: 직장가입자

자료: 통계청. 경제활동인구조사 근로형태별 부가조사.

〈그림 5.6.3〉 고용보험: 직장가입자

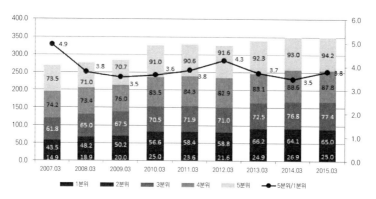

자료: 통계청. 경제활동인구조사 근로형태별 부가조사.

대에 놓여 있을 뿐만 아니라, 이러한 불안정성이 미래의 빈곤(국민연금 비수급)에 노출되고 있다는 사실을 보여주고 있다.

고용보험

(1) 고용보험 적용률과 사각지대

한국의 고용보험은 1995년 대기업의 임금근로자를 대상으로 시작하여 중소기업까지 점진적으로 확대·적용되어왔다. 하지만 아직까지 여러 가지 이유로 상당수의 전체 취업자를 포함, 임금근로자들이 고용보험에 가입되어 있지 않은 상태인데, 이들 고용보험 적용제외자들이 고용보험 사각지대에 있다고 할 수 있다. 우선 취업자 중 임금근로자가 아닌 자영업자는 고용보험의 임의가입 대상이기 때문에 고용보험에서 제외되어 있다. 그리고 임금근로자라고 하더라도 고용보험법상 적용제외자로 분류되는 직업군이 있는데, 이러한 비임금근로자와 적용제외 임금근로자들은 원천적으로 고용보험제도의 외부에 있는 '제도적 사각지대'에 속한다고 할 수 있다. 2015년 3월 기준으로 제도적 사각지대에 속한 사람들은 전체 취업자 중 30.8%에 이르는 것으로 나타나고 있다(〈표 5.1〉). 한편 임금근로자 중 적용대상이지만 고용보험에 가입되어 있지 않은 근로자들도 2015년 3월 현재 390만 명에 달할 것으로 추정된다.

〈표 5.1〉 고용보험 사각지대 추정(2015년 3월 기준)

15세이상 총인구 4287.4만명(100%)						
비경제활동인구 1629.7만명 (38%)	경제활동인구 2657.7만명(62%)					
	실업자 107.6만명 (2.5%)	취업자2550.1만명(59.5%)				
		비임금근로자 670.2만명 (15.6%)	임금근로자 1879.9만명(43.8%)			
			적용제외 285.6만명 (15.2%)	적용대상1594.3만명 (84.8%)		
				실제가입자 1203.9만명 (75.5%)	미가입자 390.4만명 (24.5%)	
공식적 제외		제도적 사각지대 (법적 사각지대)		고용보험 수혜자	실제 사각지대	

자료: 통계청, 경제활동인구조사 근로형태별 부가조사.

이렇게 적용대상이면서 고용보험에 가입되어 있지 않아 제도적 혜택을 받지 못하는 이른바 실제 사각지대의 인원은 대부분 영세사업장의 근로자들인데, 미가입자의 비율이 줄어들고 있기는 하지만 여전히 고용안전망이 누구보다 필요한 영세사업장 근로자들의 상당수가 사각지대에 남아 있는 셈이다(〈표 5.2〉).

(단위: 천 명, %)

조사연월	임금근로자	적용제외*	적용대상	실제가입자	미가입자
2011.3	17064.9	2604.8	14460.1	10288.9	4171.2
2011.8	17509.8	2787.3	14722.5	10430.0	4292.5
2012.3	17421.3	2689.3	14732.0	10694.8	4037.2
2012.8	17733.8	2775.3	14958.5	10846.1	4112.4
2013.3	17743.4	2761.3	14982.1	11146.4	3835.7
2013.8	18240.2	2934.7	15305.5	11380.2	3925.3
2014.3	18397.0	2886.8	15510.2	11655.4	3854.8
2014.8	18776.3	2867.1	15909.2	11972.4	3936.8
2015.3	18798.9	2855.7	15943.2	12039.0	3904.2

자료: 통계청, 경제활동인구조사 근로형태별 부가조사, 각 연도.
주: 고용보험 적용제외 대상자들은 적용제외사업(농업·임업·어업 또는 수렵업 중 법인이 아닌 자가 상시 4명 이하의 근로자를 사용하는 사용, 가사서비스업, 총공사비 2천만 원 미만 등의 소액 건설공사)에 종사하는 근로자, 적용제외 근로자에는 65세 이상인자, 월간 소정근로시간이 60시간 미만인 근로자(주당 소정근로시간이 15시간 미만인 자 포함). 단, 생업을 목적으로 근로를 제공하는 자 중 3개월 이상 계속 근로를 하는 제공하는 자와 1개월 미만의 기간 동안 고용된 일용근로자는 1주간 근로시간이 15시간 미만이라도 적용. 별도의 특수직역연금에 의해 보호받는 공무원·별정직 및 계약직 공무원은 본인의 의사에 따라 고용보험에 가입할 수 있음. 사립학교 교직원·별정우체국 직원, 외국인 근로자에서 발생함. 이병희(2015)의 적용 제외 기준 적용.

(2) 실업급여 임금대체율

실업급여 임금대체율은 실업급여가 실업자들의 생계안정에 얼마나 기여하는지를 판단하는 지표다. 우리나라 구직급여의 임금대체율은 실업급여 수급자격 신청일 기준으로 평균 임금일액 대비 구직급여일액의 비율로 계산된다. 2013년 평균 구직급여일액은 35,584원(A), 평균 임금일액은 71,460원(B)으로 49.8%다. 실업급여 임금대체율은 2008년 이후 변화가 거의 없는 것으로 나타났다.

〈그림 5.7〉 실업급여 임금대체율 추이

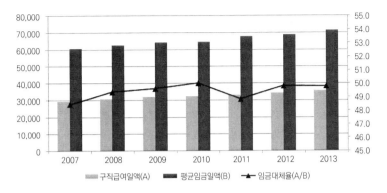

자료: 한국고용정보원(2015), 『2013 고용보험통계연보』. 구체적인 수치는 〈부표 5.7〉 참조.

국민기초생활보장제도

국민기초생활보장법(이하 기초법)은 이전 시혜적인 구빈법에 불과했던 생활보호법을 대체해서 근로능력에 관계없이 빈곤층의 최저생활을 보장하고 자활을 돕는 현금급여체제로 도입되었다. 즉 생활보호법과 기초법 간의 가장 큰 차이는 이전 생활보호법이 18세 이상 65세 미만의 근로능력보유자를 수급대상에서 제외한 데 반해, 기초법은 가구원의 노동능력과 무관하게 소득이 법정 최저생계비 이하인 가구의 가구원에게 수급권을 줄 수 있고 생계급여를 받아 기초적인 생활을 보장받을 수 있게 했다는 점이다. 2000년에 제정되어 2001년부터 시행된 기초법은 1997년 외환위기 이후 대량실업사태와 근로빈곤층의 확대·심화를 배경으로 탄생했다. 외환위기 이후 한국의 빈곤문제는 양적으로 증가했을 뿐만 아니라, OECD 통계와 비교해보아도 높고, 빈곤의 내용(구성)도 변화를 보였다.

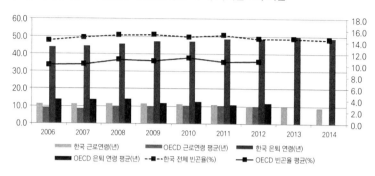

〈그림 5.8.1〉 한국의 빈곤율: OECD 평균 대비, 가처분소득 기준

자료: OECD stat. 통계청. 구체적인 수치는 〈부표 5.8〉 참조.

빈곤선

빈곤율 기준에 해당하는 '전체 인구 중 가계 소득이 중위 소득의 50% 미만인 인구의 비율'에 해당하는 수치를 빈곤선이라 부른다. 빈곤선은 일반적으로 부가 소수에 집중되고 소득 분배가 불평등한 국가일수록 높아지는 경향이 있다.

빈곤갭과 평균빈곤갭

빈곤인구(소득이 빈곤선보다 적은 인구)의 평균소득과 빈곤선의 차이를 빈곤갭이라 부르며, 평균빈곤갭은 이를 빈곤선으로 나눈 값을 의미한다. 동일한 빈곤율을 보이는 국가라 할 지라도 소득 수준, 분배 수준의 차이 등에 의해 빈곤의 상대적 크기가 다를 수 있으므로, 빈곤갭을 측정하여 보완한다.

2014년 현재 전체 상대적 빈곤율은 14.4%로, 인구수로는 739만여 명에 달한다. 특히 전체 빈곤율이 2011년을 정점으로 다소 완화되는 경향을 보이고 있으나 은퇴연령(만 65세) 이상의 인구, 즉 노인인구의 빈곤율은 지속적으로 증가하여 2014년 현재 49%에 이르고 있다. 이는 OECD 국가 중 가장 높은 것으로 OECD의 은퇴연령자들의 평균에 4배에 달하는 수치다. 또한 실질적인 빈곤상태의 심각성을 보여주는 평균빈곤갭(mean poverty gap) 중 노인세대의 빈곤갭은 2012년 이후 다소 완화되고 있긴 하나 OECD 평균값과 2배 가까운 차이를 보이고 있다.

기초법 수급자는 2009년까지 증가세를 보이다가 2014년 현재 2009년을 기준으로 24만 여명이 감소했다. 이는 빈곤율의 추이가 큰 변동으로 없는 것으로 볼 때 빈곤인구가 줄어들었다

〈그림 5.8.2〉 한국의 빈곤갭: OECD 평균대비, 가처분소득 기준

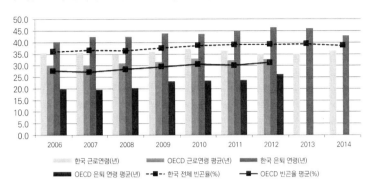

자료: OECD stat. 통계청. 구체적인 수치는 〈부표 5.8〉 참조.

기보다는 수급자 선정에서 탈락되는 사람들이 증가했다는 것을 의미한다. 이는 곧 엄격한 의무부양자 기준 적용과 '소득인정액' 산출에 따른 사각지대, 즉 비수급 빈곤층이 발생하는 문제와도 연결된다. 비수급 빈곤층이란 소득(경상소득 기준)이 최저생계비 미만임에도 불구하고 기초법상의 수급자로 선정되지 못하는 빈곤층을 의미하는데, 2010년을 기준으로 기초보장제도 사각지대는 약 100만 가구, 171만 명으로 추산된다(문진영 외, 2014).

한편 최저생계비를 기준으로 수급자를 선성했던 기초법 수급자 선정기준이 2014년 12월 법률개정을 통해 생계급여, 의료급여, 주거급여, 교육급여가 각각 다른 선정기준과 급여수준을 갖는 이른바 '맞춤형 급여체계'로 바뀌었다. 이러한 제도변화는 수급자의 다양한 욕구에 부응하여 생활보장의 효율성을 바탕으로 수급자 확대를 꾀한다는 목적에도 불구하고, 개별급여가 정부의 각 부처별로 운영되면서 기초생활보장이란 궁극적인 기초법의 위상을 약화시킨다는 우려도 제

자료: 보건복지부(2015). 2014년 국민기초생활보장 수급자 현황. 구체적인 수치는 〈부표 5.9〉 참조.

기되고 있다. 기초적인 사회보장과 다양한 복지수용의 충족이라는 목표를 충족시키기 위해서는 빈곤층 실태조사의 정례화 및 선정기준과 급여기준을 총괄하는 책임기구(현재로서의 중앙생활보장위원회)의 강화, 그리고 장기적으로는 다층적인 탈빈곤 프로그램의 구축이 요구된다.

건강보험

사회보장제도로서 건강보험(National Health Insurance)의 역할은 개인의 능력만으로는 해결할 수 없는 의료문제를 사회보험 방식으로 보장해주는 데 있다. 의료보장제도는 크게 질병으로 인해 소득활동을 못하게 될 경우 발생하는 근로소득의 일시적 상실을 보전해주는 질병급여(sickness benefits)와 의료, 병원, 약국서비스 형태로 제공되는 의료서비스(health care)로 구성된다(김진구, 1999). 이 중 현재 우리

자료: 2013년도 건강보험환자 진료비 실태조사. 2013년 국민의료비 및 국민보건계정.

나라 건강보험은 질병급여 없는 의료서비스만이 제공되고 있다.

정부의 의료보장성 강화 표명에도 불구하고 전체 의료비 중 건강보험공단에서 부담하는 급여비가 차지하는 비율인 국민건강보험 보장율은 최근 5년간 계속해서 하락하고 있다. 이는 급여항목에 포함되지 않는 새로운 의료기술의 발달과 의료공급측의 새로운 비급여 항목 창출 등으로 인한 환자 본인부담율이 증가하고 있기 때문이다(신형웅·여지영, 2015). 이를 반영하듯 GDP 대비 국민의료비 역시 지속적으로 증가하고 있음을 확인할 수 있다.

한국의 의료비 지출은 최종가계소비지출(final house hold consumption)와 대비할 때도 OECD국가 중 가장 높고, 국민의료비 구성면에서도 지난 8년간 공공비율이 평균 55% 정도를 차지하고 있다.

〈그림 5.11〉 의료비 현금지출 국제 비교: 최종가구소비지출 대비, 2013년 혹은 최근 년도

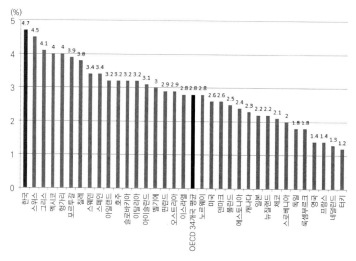

자료: OECD Health Statistics 2015, http://dx.doi.org/10.1787/health-data-en

최종가계소비지출
한 국가의 구성원이 지출한 비용의 총액을 의미하는 최종소비지출은 경제주체별로 가계소비지출, 비영리단체의 소비지출, 그리고 정부소비지출로 구분할 수 있다. 이 중 가계에 의해 지출된 비용의 총액을 최종가계소비지출이라 한다.

OECD 공공재원부담률 평균이 70% 이상임을 감안할 때 한국의 의료비 공공부담은 매우 낮은 수치다. 국민건강보험의 보장성과 의료비 지출 상승은 국민의 의료접근성이 떨어질 수 있는 문제와 연계되므로, 보장성 강화와 공공재원 확대를 위한 정책강화가 요구된다. 무엇보다 높은 의료비 부담은 건강수준이 취약한 저소득층에게 가중될 가능성이 큰데, 실제 소득분위별로 소비지출에서 의료비 지출이 차지하는 비중과 그 추이를 살펴보면 1분위 가구가 5분위 가구보다 가구소득에서 의료비를 2배 이상 지출하는 것으로 나타난다.

〈그림 5.12〉 국민의료비 중 공공 대 민간재원 비율

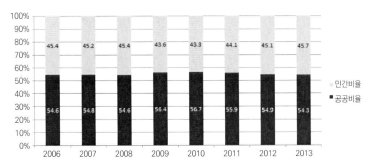

자료: 통계청. 보건복지부 국민의료비추계 및 국민보건계정.
주: 공공재원=정부+사회보장기금. 민간재원=사적보험+본인직접부담+민간비영리단체+기업.

〈그림 5.13〉 소득분위별 소비지출 대비 의료비 비중과 추이

(단위: 가구)

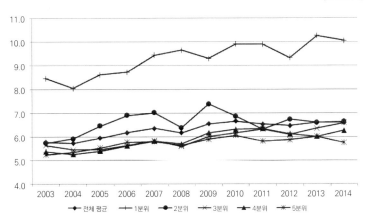

자료: 통계청. 가계동향조사, 각 연도.. 구체적인 수치는 〈부표 5.11〉 참조.

조세의 재분배기능

소득의 재분배는 경제성장과 함께 복지자본주의체제의 지속가능성을 가늠할 수 있는 매우 중요한 요소이자 지표이다.

한국의 최상위층 소득 집중도는 2012년에 상위 1%가 12%, 상위 10%가 45%를 차지함으로써 미국 다음으로 높은 것으로 나타났다.

그렇다면 한국의 소득재분배 기능이 조세나 공적사회지출을 통해 효과적으로 작동한다고 볼 수 있을까? 한국의 조세재분배 기능이 제대로 작동하지 않는다는 사실은 OECD 회원국을 대상으로 한 지니계수 통계에 의해 확연하게 드러나고 있다. 한국은 OECD 회원국 가운데 시장소득 불평등이 가장 낮은 국가이지만 가처분(post taxes and tranfers) 소득불평등도는 34개국 가운데 중간 순위에 속한다. 즉 한

〈그림 5.14〉 소득집중도의 국제 비교(2012, 상위 10%)

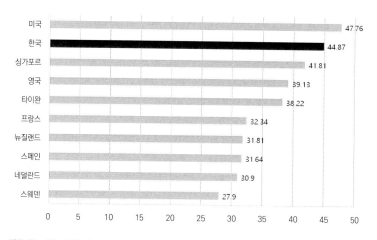

자료: The World Top Incomes Database. 구체적인 수치는 〈부표 5.13〉 참조.

〈그림 5.15〉 상위 1%, 상위 10%, 하위 10% 평균소득 추이

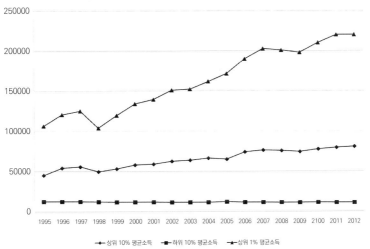

(단위: 만 원/연도)

자료: 통계청, 가계동향조사 각 연도

조세효과
세전 지니계수 대비 세전 지니계수와 세후 지니계수의 차이를 백분율로 나타낸 값이다.

국은 공적영역의 소득재분배 기능이 거의 작동하지 않는 국가, 특히 조세의 재분배 기능이 아주 약한 국가 중 하나라고 할 수 있다.

그럼 좀 더 구체적으로 저소득 빈곤층에 대한 한국 조세의 재분배효과를 살펴보자. 조세와 공적이전을 통한 재분배가 상시고용의 정규직이 아닌 비정규직(non standard worker)과 실업자 가계의 빈곤을 줄이는 데 어느 정도 효과가 있을까? 〈그림 5.17.1〉은 정규직과 비정규직, 〈그림 5.17.2〉는 실업자 가계에 대한 조세 이전 효과를 보여주고 있다.

한국은 정규직에 대한 빈곤감소 효과가 -15.1%인 반면 비정규직에 대한 효과는 -1.8%로 미미한 편이다. 한국을 제외한 OECD 19개

〈그림 5.16〉 조세(공적이전 포함) 효과 국제 비교

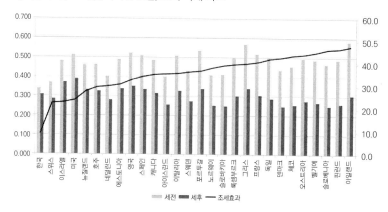

자료: OECD stat. Income Distribution and Poverty. http://stats.oecd.org/ 구체적인 수치는 〈부표 5.15〉 참조.

〈그림 5.17.1〉 조세의 빈곤감소 효과: 정규직 대 비정규직

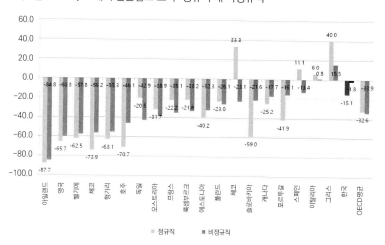

자료: European Union Statistics on Income and Living Conditions(EU-SILC, 2012), Household, Income and Labour Dynamics in Australia(HILDA, 2012).; 한국노동패널조사(KLIPS, 2009), Survey of Labour and Income Dynamics(SLID, 2010) for Canada.; OECD(2015), In It Together: Why Less Inequality Benefits All. 구체적인 수치는 〈부표 5.16〉 참조.
주: 빈곤감소 효과란 시장소득과 가처분소득의 상대빈곤율 간 차이를 %포인트로 나타냄.

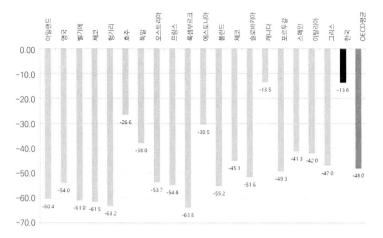

자료: 〈그림 5.17.1〉과 동일.

국 평균과 비교하면 정규직은 전체 평균의 50%를 차지하지만 비정
규직은 5%에 불과하다.

 실업상태에 있는 가계에 미치는 조세의 빈곤감소 효과 역시 미미
한 수준으로 한국은 OECD 회원국 가운데 조세의 빈곤감소 효과가
가장 낮은 국가군에 속하는 것으로 나타난다. 이상의 자료들은 한국
의 전반적인 조세재분배 효과에 대한 정책적 대안이 시급하게 마련
되어야 한다는 점을 시사하고 있다.

<부표 5.1> GDP대비 사회지출 증감 추이

(단위: %)

	1980	1985	1990	1995	2000	2005	2009	2010	2011	2012	2013	2014	최근 10년간 증가량
프랑스	20.6	25.8	24.9	29.0	28.4	29.6	31.5	31.7	31.4	31.5	32.0	31.9	2.3
핀란드	18.0	22.0	23.8	29.7	23.3	25.0	28.3	28.7	28.3	29.4	30.6	31.0	6.0
벨기에	23.5	26.0	24.9	25.6	24.5	25.6	29.1	28.8	29.4	30.3	30.9	30.7	5.1
덴마크	24.4	22.9	25.0	28.7	26.0	27.3	29.7	29.9	30.1	30.2	30.2	30.1	2.8
이탈리아	18.0	20.8	21.4	21.7	23.3	24.9	27.8	27.8	27.5	28.1	28.7	28.6	3.7
오스트리아	22.1	23.4	23.4	26.1	26.1	26.8	28.6	28.6	27.7	27.9	28.3	28.4	1.6
스웨덴	26.0	28.2	28.5	31.8	28.2	28.7	29.4	27.9	27.2	27.7	28.2	28.1	-0.6
스페인	15.4	17.6	19.7	21.3	20.0	20.9	26.1	26.7	26.8	27.1	27.3	26.8	5.9
독일	21.8	22.2	21.4	25.9	26.2	27.0	27.6	26.8	25.5	25.4	25.6	25.8	-1.2
포르투갈	9.6	10.0	12.4	16.2	18.6	22.8	25.3	25.2	24.8	24.8	25.8	25.2	2.4
한국			2.8	3.2	4.8	6.5	9.4	9.0	9.0	9.6	10.2	10.4	3.9
네덜란드	24.8	25.3	25.6	23.8	19.8	21.8	23.1	23.7	23.5	24.1	24.6	24.7	2.9
그리스	10.3	16.1	16.5	17.4	19.2	21.1	24.4	24.2	25.7	26.1	24.3	24.0	2.9
슬로베니아				5.8	22.8	21.8	23.0	23.9	24.0	24.0	23.8	23.7	1.9
룩셈부르크	20.3	19.8	19.1	20.8	19.6	22.0	24.3	23.0	22.5	23.4	23.4	23.5	1.5
헝가리					20.5	22.3	24.7	23.5	22.6	22.3	22.1	22.1	-0.2
노르웨이	16.3	17.5	21.9	22.9	20.8	21.1	22.8	22.4	21.8	21.7	22.0	22.0	0.9
영국	16.3	19.2	16.3	19.2	18.4	20.2	23.9	22.8	22.7	23.0	22.5	21.7	1.5
아일랜드	16.0	20.8	17.2	17.9	13.1	15.8	23.4	23.3	22.3	22.0	21.9	21.0	5.2
체코			14.6	16.6	18.8	18.5	20.3	19.9	20.1	20.2	20.5	20.6	2.1
폴란드			14.9	22.3	20.3	20.7	20.7	20.7	20.1	20.1	20.7	20.6	-0.1
스위스	13.5	14.3	12.8	16.9	17.2	19.4	19.7	19.5	19.3	19.7	19.9	19.4	0.0
미국	12.8	12.8	13.1	15.0	14.2	15.5	18.5	19.3	19.0	18.7	18.6	19.2	3.7
호주	10.2	12.1	13.1	16.1	17.2	16.4	17.4	17.2	17.8	18.3	19.0	19.0	2.6
슬로바키아				18.8	17.8	16.1	18.5	18.4	18.1	18.3	18.7	18.4	2.3
캐나다	13.2	16.4	17.6	18.4	15.8	16.2	18.5	17.9	17.4	17.4	17.2	17.0	0.8
아이슬란드			13.5	15.0	15.0	16.3	18.5	17.9	18.1	17.5	17.1	16.5	0.2
에스토니아					13.8	13.1	19.8	18.8	16.8	16.2	16.1	16.3	3.2
칠레			9.8	11.0	12.7	8.7	11.2	10.5	10.1	10.2	10.0		1.3

이스라엘				16.7	16.8	16.0	15.8	15.7	15.6	15.5	15.5		-0.5
일본	10.3	11.1	11.1	14.1	16.3	18.4	22.0	22.1	23.1				6.8
멕시코		1.7	3.2	4.2	5.0	6.5	7.7	7.8	7.7	7.9			1.4
뉴질랜드	16.9	17.5	21.2	18.4	18.9	17.9	21.0	21.0	20.7	21.0	20.8		2.9
터키	3.1	3.1	5.5	5.6		9.7	13.2	12.6	12.2	12.3	12.5		2.8
OECD 평균	15.4	17.0	17.5	19.3	18.6	19.4	21.9	21.7	21.4	21.6	21.7	21.6	2.2

자료: OECD.stat.; Dataset: Social Expenditure–Aggregated data(2015년 10월 19일 검색).
주: 최근 10년간 증가량 중 칠레·이스라엘·뉴질랜드·터키는 2005~2013년, 멕시코는 2005~2012년, 일본은 2005~2011년의 증가율임.

〈**부표 5.2**〉 임금근로자 중 정규직-비정규직 사회보험 가입비율

		2007년 3월	2008년 3월	2009년 3월	2010년 3월	2011년 3월	2012년 3월	2013년 3월	2014년 3월	2015년 3월
국민연금	임금근로자	62.6	63.4	64.9	65.6	65.7	66.6	67.9	68.4	67.9
	정규직	76.0	77.6	78.7	78.6	79.1	79.6	81.3	82.0	82.0
	비정규직	39.3	37.4	37.6	39.3	39.5	40.5	40.0	39.7	37.9
건강보험	임금근로자	63.9	64.8	66.6	67.6	68.6	69.7	71.5	71.8	72.0
	정규직	76.6	78.2	79.5	79.6	80.6	81.3	83.2	83.9	84.7
	비정규직	41.8	40.2	40.9	43.3	45.1	46.5	46.8	46.2	45.2
고용보험	임금근로자	55.6	55.6	57.9	63.8	65.3	66.5	67.9	68.6	69.3
	정규직	65.4	65.6	67.3	75.4	77.2	78.3	80.5	81.5	82.4
	비정규직	38.8	37.1	39.1	42.6	44.1	45.0	43.9	44.0	44.0

자료: 통계청. 경제활동인구조사 근로형태별 부가조사. 각 연도.

〈부표 5.3〉 비정규직 고용형태별 사회보험 가입비율

		2007년 3월	2008년 3월	2009년 3월	2010년 3월	2011년 3월	2012년 3월	2013년 3월	2014년 3월	2015년 3월
국민연금	한시적	55.8	54.8	55.7	60.9	60.2	60.7	58.6	58.5	55.7
	시간제	2.3	6.4	6.7	8.4	9.9	13.2	13.9	14.4	16.2
	비전형	22.0	24.2	22.6	21.4	21.4	22.1	24.0	23.0	21.3
건강보험	한시적	58.9	58.4	60.4	66.9	68.1	69.1	68.0	67.7	66.1
	시간제	3.3	7.9	6.9	9.6	11.4	15.4	17.2	18.0	19.4
	비전형	26.0	28.4	28.2	28.0	29.3	31.0	33.6	32.1	31.8
고용보험	한시적	54.9	53.9	57.2	65.2	65.6	65.5	63.4	63.5	62.7
	시간제	2.4	6.0	7.3	10.0	12.0	15.9	16.3	17.7	21.7
	비전형	22.3	25.7	26.1	28.1	29.4	29.2	30.3	29.3	29.2

자료: 통계청. 경제활동인구조사 근로형태별 부가조사. 각 연도.

〈부표 5.4〉 소득 5분위별 국민연금 직장가입자 비율

	1분위	2분위	3분위	4분위	5분위	5분위/1분위
2007년 3월	14.7	43.9	64.5	83.2	95.1	6.5
2008년 3월	19.0	48.9	67.4	82.9	94.6	5.0
2009년 3월	18.9	48.8	68.8	85.9	95.7	5.1
2010년 3월	21.9	54.1	70.5	85.5	94.9	4.3
2011년 3월	18.7	54.5	70.6	85.1	93.7	5.0
2012년 3월	17.2	54.0	68.8	83.4	93.8	5.4
2013년 3월	20.5	62.3	70.2	83.4	93.6	4.6
2014년 3월	21.8	60.0	75.3	88.7	94.0	4.3
2015년 3월	18.5	59.3	74.9	87.3	94.8	5.1

자료: 통계청. 경제활동인구조사 근로형태별 부가조사

〈부표 5.5〉 소득 5분위별 건강보험 직장가입자 비율

	1분위	2분위	3분위	4분위	5분위	5분위/1분위
2007년 3월	18.0	46.2	65.1	83.7	95.4	5.3
2008년 3월	23.0	51.0	67.9	83.3	94.5	4.1
2009년 3월	21.6	52.7	70.0	86.4	96.2	4.4
2010년 3월	25.6	57.9	71.6	86.3	95.4	3.7
2011년 3월	23.8	59.9	72.2	86.3	95.3	4.0
2012년 3월	22.4	60.1	71.5	84.7	95.2	4.3
2013년 3월	26.5	69.7	73.0	84.9	95.3	3.6
2014년 3월	28.0	65.7	77.9	89.9	95.4	3.4
2015년 3월	24.3	66.9	78.3	89.4	96.4	4.0

자료: 통계청. 경제활동인구조사 근로형태별 부가조사

〈부표 5.6〉 소득 5분위별 고용보험 직장가입자 비율

	1분위	2분위	3분위	4분위	5분위	5분위/1분위
2007년 3월	14.9	43.5	61.8	74.2	73.5	4.9
2008년 3월	18.9	48.2	65.0	73.4	71.0	3.8
2009년 3월	20.0	50.2	67.5	76.0	70.7	3.5
2010년 3월	25.0	56.6	70.5	83.5	91.0	3.6
2011년 3월	23.6	58.4	71.9	84.3	90.6	3.8
2012년 3월	21.6	58.8	71.0	82.9	91.6	4.3
2013년 3월	24.9	66.2	72.5	83.1	92.3	3.7
2014년 3월	26.9	64.1	76.8	88.6	93.0	3.5
2015년 3월	25.0	65.0	77.4	87.8	94.2	3.8

자료: 통계청. 경제활동인구조사 근로형태별 부가조사

〈부표 5.7〉 실업급여 임금대체율

	2007	2008	2009	2010	2011	2012	2013
구직급여일액(A) (원)	29,484	30,868	31,967	32,332	33,186	34,354	35,584
평균임금일액(B) (원)	60,847	62,538	64,431	64,645	67,955	68,966	71,460
임금대체율(A/B) (%)	48.5	49.4	49.6	50.0	48.8	49.8	49.8

자료: 한국고용정보원(2015), 『2013 고용보험통계연보』

〈부표 5.8〉 한국의 빈곤율 및 빈곤갭: OECD 평균 대비, 가처분소득 기준

	2006	2007	2008	2009	2010	2011	2012	2013	2014
한국 전체 빈곤율 (%)	14.3	14.8	15.2	15.3	14.9	15.2	14.6	14.6	14.4
OECD 빈곤율 평균 (%)	10.1	10.2	11.0	10.8	11.3	10.6	10.7		
한국 근로연령 (년)	11.1	11.1	11.5	11.5	11.3	10.8	10.0	9.6	9.3
OECD 근로연령 평균 (년)	9.1	8.6	9.6	9.9	10.2	10.2	10.1		
한국 은퇴연령 (년)	43.9	44.6	45.5	47.0	47.2	48.6	48.5	49.6	48.8
OECD 은퇴연령 평균 (년)	13.9	13.9	14.0	11.8	12.7	10.8	11.9		
한국 전체 빈곤갭	36.1	36.7	36.4	37.6	38.7	39.0	39.2	39.4	38.7
OECD 빈곤갭 평균	27.7	27.2	28.5	29.5	30.6	30.2	31.4		
한국 근로연령 빈곤갭	35.5	35.4	34.7	36.1	37.2	36.5	34.9	35.0	36.4
OECD 근로연령 빈곤갭	30.2	29.9	31.1	31.7	33.1	32.3	32.9		
한국 은퇴연령 빈곤갭	40.3	42.4	42.5	43.9	43.7	45.2	46.6	46.1	42.9
OECD 은퇴연령 빈곤갭	19.8	19.6	20.3	23.3	23.5	23.8	26.3		

자료: OECD stat. 통계청

〈부표 5.9〉국민기초생활보장제도 수급자(인구) 및 수급가구

	2001	2002	2003	2004	2005	2006	2007
수급자 (인구)	1,345,526	1,275,625	1,292,690	1,337,714	1,425,684	1,449,832	1,463,140
수급가구	698,075	691,018	717,861	753,681	809,745	831,692	852,420
	2008	2009	2010	2011	2012	2013	2014
수급자 (인구)	1,444,010	1,482,719	1,458,198	1,379,865	1,300,499	1,258,582	1,237,386
수급가구	854,205	882,925	878,799	850,689	821,879	810,544	905,511

자료: 보건복지부(2015). 2014년 국민기초생활보장 수급자 현황.

〈부표 5.10〉건강보험 보장율 및 GDP 대비 국민의료비 지출

	2006	2007	2008	2009	2010	2011	2012	2013
보장율 (%)	64.5	65.0	62.6	65.0	63.6	63.0	62.5	62.0
국민의료비 (GDP대비) (%)	5.8	6.0	6.2	6.7	6.8	6.8	7.0	7.2

자료: 2013년도 건강보험환자 진료비 실태조사. 2013년 국민의료비 및 국민보건계정

〈부표 5.11〉국민의료비 중 공공 대 민간재원 비율

재원별	2006	2007	2008	2009	2010	2011	2012	2013
공공 재원	30,388,256	34,211,740	37,159,198	43,259,777	48,779,312	50,926,340	53,055,382	55,889,577
민간 재원	25,228,556	28,245,433	30,856,220	33,399,302	37,189,605	40,129,391	43,539,948	46,986,615
공공 비율	54.6	54.8	54.6	56.4	56.7	55.9	54.9	54.3
민간 비율	45.4	45.2	45.4	43.6	43.3	44.1	45.1	45.7

자료: 통계청. 보건복지부 국민의료비추계 및 국민보건계정.
주: 공공재원=정부+사회보장기금. 민간재원=사적보험+본인직접부담+민간비영리단체+기업.

〈부표 5.12〉 소득분위별 소비지출 대비 의료비 비중

시점	1분위	2분위	3분위	4분위	5분위	전체 평균
2003	8.5	5.7	5.6	5.4	5.2	5.8
2004	8.0	5.9	5.4	5.3	5.3	5.7
2005	8.6	6.5	5.4	5.4	5.5	5.9
2006	8.7	6.9	5.6	5.6	5.8	6.2
2007	9.5	7.0	5.8	5.8	5.8	6.4
2008	9.7	6.4	5.6	5.7	5.6	6.2
2009	9.3	7.4	6.0	6.2	5.9	6.5
2010	9.9	6.9	6.2	6.3	6.1	6.7
2011	9.9	6.3	6.3	6.3	5.8	6.5
2012	9.3	6.7	6.1	6.1	5.9	6.5
2013	10.3	6.6	6.4	6.0	6.0	6.6
2014	10.1	6.6	6.6	6.3	5.7	6.6

자료: 통계청. 가계동향조사, 각 연도.

〈부표 5.13〉 소득집중도의 국제 비교(2014, 상위 10%)

미국	47.76
한국	44.87
싱가포르	41.81
영국	39.13
타이완	38.22
프랑스	32.34
뉴질랜드	31.81
스페인	31.64
네덜란드	30.90
스웨덴	27.90

자료: The World Top Incomes Database.

〈부표 5.14〉 상위 1%, 상위 10%, 하위 10% 평균소득 추이

(단위: 만 원)

연도	상위 1%	상위 10%	하위 10%
1995	45335.1	106768.6	12215.2
1996	54159.2	120642.0	12421.3
1997	55782.7	125239.0	12373.4
1998	49639.8	103938.5	12030.7
1999	53115.5	119809.6	11741.9
2000	57954.7	134065.2	11754.3
2001	59101.6	139468.6	11547.5
2002	62667.8	151114.1	11360.8
2003	63888.3	152274.8	11248.6
2004	66344.6	161786.0	11278.5
2005	65082.1	171634.8	11909.4
2006	73945.6	190129.6	11388.2
2007	76216.4	202861.9	11508.3
2008	75679.2	200795.7	11209.4
2009	74464.5	198092.0	11147.8
2010	77418.4	210272.8	11266.1
2011	79449.7	220011.1	11134.2
2012	80751.8	220059.9	11025.1

자료: The World Top Incomes Database.

〈부표 5.15〉 조세(공적이전 포함) 효과 국제 비교

	세전	세후	세전-세후	조세효과
한국	0.338	0.307	0.031	9.2
스위스	0.368	0.285	0.083	22.6
이스라엘	0.481	0.371	0.110	22.9
미국	0.513	0.390	0.123	24.0
뉴질랜드	0.461	0.333	0.128	27.8
호주	0.463	0.326	0.137	29.6
네덜란드	0.402	0.281	0.121	30.1
에스토니아	0.489	0.338	0.151	30.9
영국	0.523	0.351	0.172	32.9
스페인	0.511	0.335	0.176	34.4
캐나다	0.487	0.315	0.172	35.3
아이스란드	0.399	0.257	0.142	35.6
이탈리아	0.509	0.327	0.182	35.8
스웨덴	0.431	0.274	0.157	36.4
포르투갈	0.536	0.338	0.198	36.9
노르웨이	0.410	0.253	0.157	38.3
슬로바키아	0.412	0.250	0.162	39.3
룩셈부르크	0.502	0.302	0.200	39.8
그리스	0.569	0.340	0.229	40.2
프랑스	0.518	0.306	0.212	40.9
독일	0.501	0.289	0.212	42.3
덴마크	0.436	0.249	0.187	42.9
체코	0.455	0.256	0.199	43.7
오스트리아	0.495	0.276	0.219	44.2
벨기에	0.488	0.268	0.220	45.1
슬로베니아	0.466	0.250	0.216	46.4
핀란드	0.488	0.260	0.228	46.7
아일랜드	0.582	0.304	0.278	47.8

자료: OECD stat. Income Distribution and Poverty. http://stats.oecd.org/

〈부표 5.16〉 조세의 빈곤감소 효과: 정규직 대 비정규직

	실업자	정규직	비정규직
아일랜드	-60.4	-87.7	-84.8
영국	-54.0	-65.7	-60.3
벨기에	-61.0	-62.5	-57.8
체코	-61.5	-73.9	-56.2
헝가리	-63.2	-63.1	-55.3
호주	-26.6	-70.7	-46.1
독일	-38.0	-20.5	-42.9
오스트리아	-53.7	-31.7	-38.9
프랑스	-54.8	-22.2	-35.1
룩셈부르크	-63.8	-21.8	-33.2
에스토니아	-30.5	-40.2	-32.3
폴란드	-55.2	-23.0	-26.1
체코	-45.1	33.3	-23.1
슬로바키아	-51.6	-59.0	-21.6
캐나다	-13.5	-25.2	-17.7
포르투갈	-49.3	-41.9	-16.1
스페인	-41.3	11.1	-13.4
이탈리아	-42.0	6.0	0.8
그리스	-47.0	40.0	15.5
한국	-13.6	-15.1	-1.8
OECD평균	-48.0	-32.6	-33.9

자료: European Union Statistics on Income and Living Conditions(EU-SILC, 2012), Household, Income and Labour Dynamics in Australia(HILDA, 2012).; 한국노동패널조사(KLIPS, 2009), Survey of Labour and Income Dynamics(SLID, 2010) for Canada.; OECD(2015), In It Together: Why Less Inequality Benefits All.
주: 빈곤감소 효과란 시장소득과 가처분소득의 상대빈곤율 간 차이를 %포인트로 나타냄.

제6장

정치불평등: 선거제도의 불비례성

정치는 불평등과 밀접한 연관을 갖는다. 정치는 인권이나 참정권과 같은 정치적 권리에서부터 사회경제적 불평등에 이르는 불평등을 반영하기도 하지만 불평등을 구조화하고 심화시키기도 한다. 영국의 사회학자인 마셜(T. H. Marshall)은 역사적으로 전개되어온 시민권의 발전과정을 세 가지 종류로 나누어 설명했다. 18세기는 개인의 재산권과 종교, 사상, 표현의 자유 등을 포함하는 자유권, 19세기는 선거 및 참정권의 정치적 권리, 그리고 20세기는 사회적 불평등에 관한 국가의 개입을 특징으로 하는 사회권으로서 시민권이 발전해왔다는 것이다. 하지만 자본주의의 역사가 이러한 시민권의 세 가지 요소들이 순차적이고 단계적으로 완결되어온 과정은 아니었다. 자유와 평등을 핵

인권
　인간의 타고난 권리로서 모든 인간에게 해당되는 보편적 가치이며 불가양(不可讓)의 권리이다. 17세기부터 18세기에 걸쳐 자연권(natural rights)으로서 주장되었고, 18세기 시민혁명의 인권선언으로 사람의 권리(rights of man)로서 확립되었다. 그 이후 입헌주의 국가에서는 근대 헌법의 기본 원리로서 보장될 것이 요구되었다. 20세기 후반에는 세계인권을 출발점으로 하여 국제법상으로도 보편적인 권리로서 보장되었다.

참정권
정치적 자유권이라고도 한
다. 일반적으로 선거권·피
선거권·국민투표권·국민
심사권·공무원과 배심원이
되는 권리 모두를 포함하
나, 협의로는 선거권과 피
선거권만을 말한다. 한국
은 헌법에 선거권(24조)·
공무담임권(25조)·국민투
표권(72조·130조 2항) 등
의 참정권을 보장하고 있
다. 또한, 소급입법에 의하
여 참정권을 제한할 수 없
게 하였다(13조 2항).

심적인 이념으로 하는 시민권의 발전은 자유권과 정치적 권리, 그리고 사회적 권리가 서로 보완되고 상호작용하면서 민주주의라는 이상과 제도를 진전시켜 나간다고 할 수 있다. 이러한 측면에서 정치란 민주주의와 동일한 범주를 갖는 개념으로 시민권의 온전한 행사를 위한 권력행사인 것이다.

이 장에서는 정치영역의 불평등 문제 가운데 특히, 국회의원 선거제도(이하 선거제도)와 관련한 몇 가지 문제를 다룬다. 선거제도란 공직자를 선출하는 과정에서 표를 의석으로 전환하는 방식을 말한다. 선거제도에 따라, 즉 유권자들이 행사한 표를 의석으로 전환하는 방식에 따라 정당 간 경쟁관계인 정당체제가 결정된다. 그러므로 유권자들의 선호가 왜곡되지 않도록 의석수를 반영할 수 있는 제도의 도입과 실행은 공정한 정치경쟁의 초석이라고 해도 과언이 아닐 것이다. 한국에서 정치개혁의 가장 큰 화두로 선거제도 개혁이 대두되고 있는 이유 역시 바로 현행 선거제도가 유권자들의 다양한 선호를 반영하지 못하고 있기 때문이다.

한국 선거제도:비례성과 대표성의 제고

선거제도는 대의민주주의와 불가분의 관계를 갖는다. 대의민주주의는 정당한 절차에 따라 선출된 대표에게 국민 개개인의 의사결정 과정을 위임한다는 전제하에 작동한다. 따라서 대표 선출방식과 과정을 제도화한 선거제도는 대의민주주의가 작동하는 데 필수불가

결한 토대이자 필요조건이다. 선거제도는 크게 다수제(majoritatian electoral systme)와 비례제(proportional electoral system)로 나눌 수 있고, 각각은 의회를 구성하는 대표(representation)의 의미에 대한 고유한 관점에서 도출된 것이다.

비례제를 강조하는 입장은 대표자들의 집합체인 의회가 사회구성을 얼마나 비례적으로 반영하고 있는가를 중시하는 것으로 의회를 사회의 '축소판'(microcosm)으로 본다. 반면 의회의 구성보다는 선출된 대표의 결정에 무게를 두는 입장은 의회구성의 성별, 계층별 비례성보다 선출된 대표자가 자신을 뽑아준 유권자들의 이익을 위한 결정을 하느냐를 강조하는 의견으로 이는 다수제에 대한 지지로 연결된다.

하지만 다수제는 비례성뿐만 아니라 선출된 대표자의 대표성에 심각한 문제를 야기해왔다. 즉, 1위 득표자 이외의 모든 표는 사표가 되어버리는 이른바 '승자독식(winner takes it all)'의 결과를 초래함으로써 선출된 대표자를 선택하지 않은 유권자들의 선호는 선거결과에 전혀 반영되지 않는다는 문제점이 제기되어온 것이다. 지난 17대에서 20대 총선까지 매번 지역구 투표에서 사표가 된 표의 비율이 유효투표수 대비 절반 가까이 발생해왔다(〈그림 6.1〉).

지역구 선거에서 승자독식의 문제와 정당의 득표율과 의석수 간 차이를 통해 발생하는 불비례성 문제를 해소하기 위한 제도개혁 방안으로 학계에서 제기된 것이 바로 혼합형 비례대표제(mixed proportional electoral system)이다. 혼합형 비례대표제는 다수제와 비례제를 결합하는 방식으로써 크게 선거구에서 행사된 표로 지역구대

대의민주주의
국민이 개별 정책에 대해 직접적으로 투표권을 행사하지 않고 대표자를 선출해 정부나 의회를 구성하여 정책적 문제를 해결하도록 하는 민주주의이다. 이와 반대로 직접민주주의는 정부 정책에 대한 국민의 직접적인 투표를 통해 결정하는 정치체제이다. 즉 중간매개자나 대표자 없이 개별 국민이 권력을 직접 행사하는 것이다. 대부분의 대의민주주의는 국민투표와 같이 직접민주주의의 요소를 포함하고 있다.

〈그림 6.1〉 제17대~제20대 유효투표수 대비 사표 비율

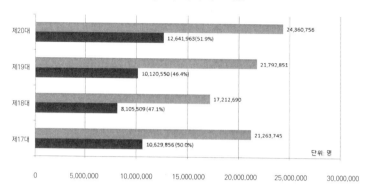

자료: 중앙선거관리위원회, 제17대~제19대 국회의원선거 총람. 제20대 국회의원 선거결과는
중앙선거관리위원회 〈제20대 국회의원 선거관리시스템〉에서 계산.

표와 비례대표를 선출하는 1표 혼합제와 선거구 선거와 정당명부 선
거를 분리해서 실시하는 2표 혼합제로 나눌 수 있다. 그리고 2표 혼
합제는 다시 선거구 선거와 정당명부 선거의 결과를 독립적으로 결
정해서 단순히 합하는 병립형과 양자를 연동하여 정당명부의 선거결
과로 전체 정당의석수를 산출하는 병용제로 나눌 수 있다.

한국은 1표 혼합제를 운영해오다가 선거구 득표율의 합으로 정당
비례대표를 결정하는 방식에 대해서 2000년에 헌법재판소가 위헌
결정을 내리면서 현재까지 2표 병립제, 보다 정확하게 표현하면 다수
제에 중심을 두고 있는 혼합형 다수제를 채택하고 있다.

선거제도의 (불)비례성

한국 선거제도의 주요한 문제점으로 지적되는 것은 바로 (불)비례성과 표의 등가성이다. 선거의 비례성이란 정당의 득표율과 의석률의 차이를 일컫는 것으로 양자 간 차이가 클수록 불비례성이 높은 반면 차이가 적을수록 비례성이 높다. 지난 수십 년간 비례성을 측정하는 방법이 개발되어 왔는데, 대표적인 것으로 갤러거 지수(Gallagher Index, least square index: LSq)를 들 수 있다. 계산공식은 다음과 같다.

$$\text{LSq} = \sqrt{\frac{1}{2}\sum_{i=1}^{n}(V_i - S_i)^2} \qquad \langle \text{식 6.1} \rangle$$

V는 정당의 득표율, S는 의석점유율을 나타내고 5%미만으로 득표한 정당은 제외한다. 이때 지수가 클수록 불비례성이 높다는 것을 의미한다. 프리덤 하우스(Freedom House)에 의해 선거 민주주의 국가로 분류되는 125개국 중 106개국의 갤러거 지수는 다음 〈그림 6.2〉와 같다.

한국의 갤러거 지수는 11.49(2014)로 비교적 선거의 불비례성이 높은 국가에 속한다. 한국의 선거제도는 1인선출 선거구제를 통한 지역구대표와 정당명부비례대표를 함께 선출하는 혼합형 다수제의 형태를 갖추고 있으나 비례대표의 숫자가 246:54=4.6:1로써 상대적으로 매우 저고, 게다가 비례대표를 독립적으로 선출하는 병립제를 채택하고 있기 때문에 비례성을 높이는 효과가 거의 없다. 물론 같은 비례대표제라도 의석분배 방식에 따라 비례성이 달라질 수 있으나 일반적으로 비례대표제를 채택하고 있는 국가가 다수제를 채택하고 있

〈그림 6.2〉 세계의 국가별 선거 (불)비례성 지수(2009-16년)

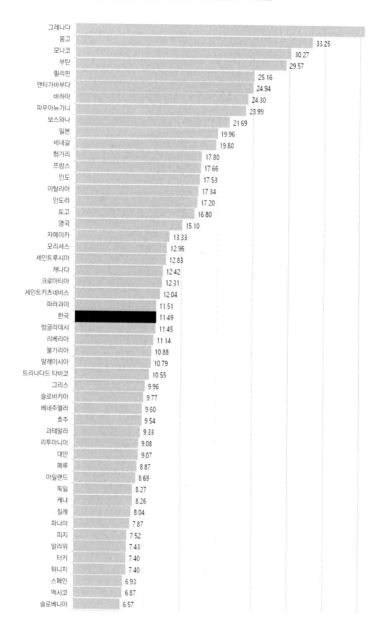

그레나다
몽고 33.25
모나코 30.27
부탄 29.57
필리핀 25.16
앤티가바부다 24.94
바하마 24.30
파푸아뉴기니 23.99
보스와나 21.69
일본 19.96
세네갈 19.80
헝가리 17.80
프랑스 17.66
인도 17.53
이탈리아 17.34
안도라 17.20
토고 16.80
영국 15.10
자메이카 13.33
모리셔스 12.96
세인트루시아 12.83
캐나다 12.42
크로아티아 12.31
세인트키츠네비스 12.04
파라과이 11.51
한국 11.49
방글라데시 11.45
리베리아 11.14
불가리아 10.88
말레이시아 10.79
트리니다드 타바코 10.55
그리스 9.96
슬로바키아 9.77
베네수엘라 9.60
호주 9.54
과테말라 9.33
리투아니아 9.08
대만 9.07
페루 8.87
아일랜드 8.69
독일 8.27
케냐 8.26
칠레 8.04
파나마 7.87
피지 7.52
말라위 7.43
터키 7.40
튀니지 7.40
스페인 6.93
멕시코 6.87
슬로베니아 6.57

<그림 6.2> 세계의 국가별 선거 (불)비례성 지수(2009-16년) (계속)

국가	지수
세르비아	6.53
코스타리카	6.34
상투메 프린시페	6.29
아이스란드	6.23
루마니아	6.20
체코	6.12
세에라리온	6.09
네팔	6.09
폴란드	5.95
가나	5.76
포르투갈	5.68
온두라스	5.60
알바니아	5.58
룩셈부르크	5.20
에스토니아	5.09
도미니카공화국	4.99
아르헨티나	4.82
미국	4.79
에콰도르	4.60
벨기에	4.60
마케도니아	4.45
콜롬비아	3.98
산마리오	3.81
스위스	3.76
볼리비아	3.76
벨리즈	3.74
몰도바	3.65
우크라이나	3.59
잠비아	3.39
엘살바도르	3.36
오스트리아	3.31
이스라엘	3.09
조지아공화국	2.98
핀란드	2.95
니제르	2.83
인도네시아	2.79
라트비아	2.76
노르웨이	2.56
브라질	2.50
뉴질랜드	2.38
몬테네그로	2.28
세인트빈센트 그레나딘	2.12
카보베르데	1.95
바베이도스	1.88
말타	1.75

자료: Gandrud, 2015에서 재구성.
주: 한국은 2014년, 독일은 2016년 총선 결과로 재계산. 방글라데시 1996, 에콰도르 1998년, 피지 2006년, 파푸아뉴기니 1997년, 필리핀 1998, 산마리노 2008 선거결과.

〈그림 6.3〉 선거제도와 불비례성

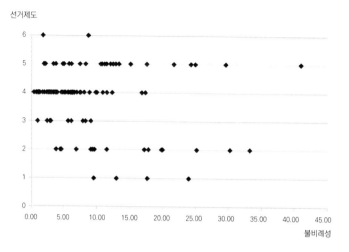

1: 절대다수제, 2: 혼합형다수제, 3: 혼합형비례제, 4: 비례제, 5: 상대다수제, 6: 단기이양식
자료: IPU: PARLINE database on national parliaments, 10/28/2015 검색. Farrell, 2011;
Grndrud, 2015에서 재구성.; 각 국가별 선거제도는 〈부표 6.1〉 참조.

는 국가보다 낮은 불비례성을 보인다(〈그림 6.3〉). 즉 선거에서 정당의
득표율과 의석점유율 간 차이가 낮다는 것이다.

표의 등가성

대의제 선거에서는 모든 유권자의 표가 동등한 가치를 가진다는 1
인 1표(one person, one vote) 원칙이 준수되어야 한다. 그러나 실제
선거에서 모든 유권자의 1표가 모두 동등한 가치를 갖는 것이 어려운
것은 선거구당 인구수가 다를 뿐만 아니라 앞서 제시한 불비례성의
문제가 있기 때문이다.

헌법재판소는 선거구 획정과 관련해서 2014년 10월 30일 선거구 간 인구 편차를 최대 3배까지 허용하는 공직선거법 제25조 제2항에 대해 헌법불합치 판정을 내리고 2015년 말까지 인구 편차를 최대 두 배까지 허용하는 것으로 수정할 것을 결정한 바 있다. 이외에도 표의 등가성 문제에는 모든 유권자가 행한 투표는 선거 결과에 동등한 영향을 미쳐야 한다는 1표 1가치(one vote, one value) 원칙도 있다. 이를 성과가치 평등(Erfolgwertgleichheit)이라고 하는데, 이 개념은 독일의 헌법재판소가 1952년부터 사용해온 것이다(Pukelsheim, 2014). 성과 가치 평등지수는 다음과 같이 구할 수 있다.

$$\text{A정당 투표자들의 성과가치 평등지수} = \frac{\text{A정당의 의석점유율}}{\text{A정당의 득표율}} \qquad \langle \text{식 6.2} \rangle$$

이를 가장 최근에 실시된 2번의 국회의원 선거인 제19대와 제20대 국회의원 총선거 결과에 대입해 본 것이 각각 〈표 6.1〉, 〈표 6.2〉 그리고 〈그림 6.4〉이다.

제19대 총선 결과를 보면, 새누리당과 민주통합당은 지역구에서 각각 43.3%, 37.9%의 득표율로 전체 지역구 의석수 247석 중 51%(127석), 43%(106석)를 획득했다. 반면, 통합진보당과 자유선진당은 6%와 2.2%를 얻었지만 의석수는 총 지역구 의석수에서 각각 2.8%(7석)와 1.2%(3석)를 얻는 데 그쳤다. 한편 제20대 총선에서는 새누리당과 더불어민주당이 각각 38.3%와 36.1%의 득표율로 전체 지역구 의석수 253석 중 41.5%(105석)와 43.5%(110석)를 가져갔다. 이는 지역구 국회의원 선출방식으로 1인 선출 상대다수제를 채택하

〈표 6.1〉 제19대 총선의 선거 불비례성

정당 \ 불비례지표	지역구		비례		전체의석수	의석점유율(%)	성과가치평등지수	지역구득표율에 따른 지역구 의석수	지역구이득율
	득표율(%)	의석수	정당득표율(%)	의석수					
새누리당	43.3	127	42.8	25	152	50.7	1.1845	107	119.2287
민주통합당	37.9	106	36.5	21	127	42.3	1.1589	93	113.6924
통합진보당	6.0	7	10.3	6	13	4.3	0.4174	15	47.4254
자유선진당	2.2	3	3.2	2	5	1.7	0.5312	5	55.4323

자료: 중앙선거관리위원회, 제19대 국회의원선거 총람.

〈표 6.2〉 제20대 총선의 선거 불비례성

	지역구		비례		전체의석수	의석점유율(%)	성과가치평등지수	지역구득표율에 따른 지역구의석수	지역구이득율
	득표율(%)	의석수	정당득표율(%)	의석수					
새누리당	38.3	105	33.5	17	122	40.7	1.2139	97	108.3603
더불어민주당	36.1	110	25.5	13	123	41.0	1.6078	91	120.4384
국민의당	14.8	25	26.7	13	38	12.7	0.4744	37	66.7663
정의당	1.3	2	7.2	4	6	2.0	0.2777	3	60.8087

자료: 중앙선거관리위원회 홈페이지. 제20대 국회의원선거 선거통계시스템 http://info.nec.go.kr/ 에서 계산. http://www.yonhapnews.co.kr/site/4503010700.html?cid=GYH20160414001800044

고 있기 때문에 발생할 수밖에 없는 당연한 불비례성이라고 할 수 있다. 이러한 불비례성을 나타내는 지표가 〈표 6.1〉과 〈표 6.2〉 마지막 행에 표시한 지역구 이득율이다. 즉 제19대 총선에서 새누리당과 민주통합당은 자신이 획득한 지역구 투표율보다 각각 19%와 14%의 더 많은 의석수를 획득한 반면, 통합진보당과 자유선진당은 반대로 53%와 45%의 더 적은 의석수를 차지했다. 마찬가지로 제20대 총선

〈그림 6.4〉제19대-제20대 총선결과 정당별 과대 및 과소대표율(정당득표율 대비 의석수)

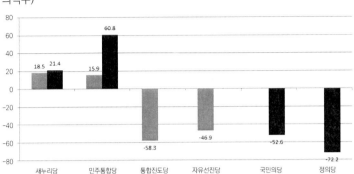

자료: 중앙선거관리위원회 홈페이지에서 계산

에서 새누리당은 8%, 더불어민주당은 자신의 총지역구 득표율보다 20% 많은 지역의석을 더 가져갔고, 국민의 당과 정의당은 각각 33% 와 39% 적은 의석수를 확보하는 데 그쳤다.

그럼 정당이 전체 의석을 획득하는 데 정당투표자들이 행사한 표 간의 등가성을 나타내는 성과가치 평등지수를 살펴보자. 성과가치 평등지수가 1에 가까울수록 등가적이며, 1보다 크거나 작을수록 과 대대표되거나 과소대표되었다고 할 수 있다. 제19대 총선과 제20대 총선에서 새누리당의 성과가치 평등지수는 각각 1.18458, 1.21393 으로 18%, 21% 과대대표되었다. 마찬가지로 제19대 총선에서 민주 통합당은 15%, 제20대 총선에서 더불어민주당은 원래 당이 가진 표 의 가치, 즉 더불어민주당에 투표한 유권자들의 표의 가치보다 무려 60%가 과대대표되었다. 반면, 제19대 총선에서 통합진보당(0.41748) 과 자유선진당(0.53125), 제20대 총선에서 국민의당은 원래 표 가치 의 절반 이하로, 정의당은 무려 72%가 과소대표되었다. 한편, 정당

〈표 6.3〉 2013년 독일 총선 결과

	지역구		정당 득표율 (%)	의석수	의석 점유율 (%)	성과가치 평등지수	보정 의석	최종의 석수	최종 의석점유 율 (%)	보정후 성과가치 평등지수
	득표율 (%)	의석수								
기민련 (CDU)	37.2	191	40.5	242(4)*	39.8	0.999215	13	255	40.4	0.997531
사민당 (SPD)	29.4	58	30.5	183	30.6	1.003344	10	193	30.6	1.003279
좌파당 (Die Linke)	8.2	4	10.2	60	10.0	0.983671	4	64	10.1	0.990196
녹색당 (Grüne)	7.3	1	10.0	61	10.2	1.020067	2	63	10.0	1.000000
기사련 (CSU)	8.1	45	8.8	56	9.4	1.064153	0	56	8.9	1.011364
계	90.2	299	100	598	100		29	631	100	

자료: 독일선거관리위원회(http://www.bundeswahlleiter.de/) 김종갑·신두철 2014에서 재구성.

간 상대적인 표의 등가성으로 접근하면 투표가치의 격차는 더 커진다. 즉, 제19대 총선에서 통합진보당에 투표한 유권자들의 표의 가치는 새누리당에 투표한 유권자들의 표의 가치와 비교하면 1/3에 그쳤고, 제20대 총선에서 정의당에 투표한 유권자들의 표의 가치는 더불어민주당에 투표한 유권자들의 그것에 18%에도 못 미쳤다.

선거제도의 불비례성 문제에 인식과 그 제도적 개혁노력이 왜 중요한지는 독일선거제도 개혁과정을 보면 잘 이해할 수 있다. 독일은 2013년 선거법 개정을 통해 보정의석(compensation seats)을 부여함으로써 초과의석과 득표율에 비해 과다하게 의석을 얻는 정당이 생길 경우 존재할 수 있는 전체적인 정당 간 득표율과 의석수 간 불비례성을 교정했다.

조세부담률과 선거제도의 비례성

정치와 불평등은 매우 밀접하게 연계되어 있다. 특히, 선거제도의 불비례성과 경제적 불평등 간 관계는 선거제도에 따른 정치적 결과가 경제적 불평등에 미치는 영향을 나타낸다는 점에서 정치와 경제 간 연관성을 잘 보여주는 연구분야라고 할 수 있다.

이러한 측면에서 재정정책과 선거제도의 상관관계에 관한 주요한 연구들은 비례대표제로 구성된 정부가 다수대표제로 구성된 정부보다 특정 지역을 대상으로 하는 정부지출이 아닌 보편적인 정부지출을 선호하고 조세수입의 비율 역시 높다는 점을 밝히고 있다. 예컨대 OECD 국가들의 경우, 선거제도의 비례성 정도가 정부의 이전지출의 규모와 상관관계가 높다는 것이다. 이는 비례대표제가 다당제를 유도하는 것으로 특히, 대부분 비례대표제를 채택하고 있는 유럽 복지국가의 경우에 한 정당이 독자적인 집권을 할 수 없는 구조 속에서 선택한 정당연합에 의해 정부내부의 견제와 균형을 추구하기 때문에 정부지출 삭감이 매우 어렵다는 점과 연관성을 갖는다. 그렇다면 사회지출과 관련해서 국민 개개인의 부담을 나타내는 조세부담률과 선거제도는 어떤 관계를 가질까? 〈그림 6.5〉는 OECD 회원국을 대상으로 조세부담률과 선거제도의 (불)비례성 상관관계를 그래프로 나타낸 것이다. 이를 통해 선거제도의 불비례성과 조세부담률의 역의 상관관계, 즉 불비례성이 높을수록 조세부담률이 낮은 경향을 나타낸다는 점을 알 수 있다.

〈그림 6.5〉 조세부담률과 선거제도의 불비례성 국제 비교

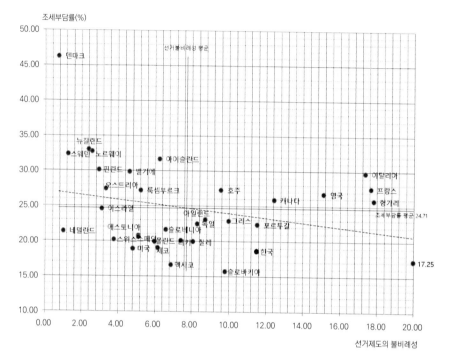

자료: OECD stat. data; Gallergher 2015에서 재구성.
주: 한국은 2014년, 독일은 2016년 총선결과로 재계산. 방글라데시 1996년, 에콰도르 1998년, 피지 2006년,
파푸아누기니 1997년, 필리핀 1998년, 산마리노 2008년 선거결과.

여성국회의원의 비율과 선거제도의 비례성

선거제도의 비례성과 정치불평등 간 가장 뚜렷한 상관관계를 보이
는 것은 바로 전체 국회의원 중 여성이 차지하는 비율, 즉, 선출직 대
표자들의 성별 불균형이다. 〈그림 6.6〉이 보여주듯이 선거제도의 비

〈그림 6.6〉 여성국회의원의 비율과 선거제도의 비례성 국제 비교: OECD 회원국, 2010-14년

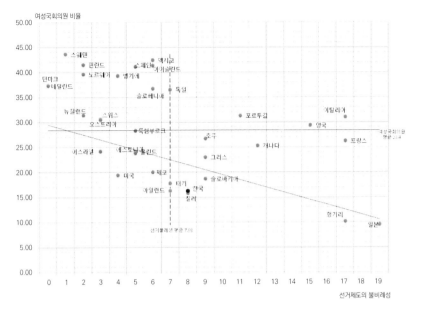

자료: IPU. Women in Parliaments Data; Gallergher 2015에서 재구성.

례성이 낮은 국가일수록 여성 국회의원이 차지하는 비중이 낮고 비례성이 높을수록 여성의 비율이 높다. 이는 비례대표제가 가진 사회적 약자의 대표성이 의회에 반영되기 용이한 구조임을 보여주는 것이다. 물론, 정책결정에 있어 성별이 이념과 정치문화, 정당일체감 등을 넘어서는 결정적인 독립변수라고 볼 수는 없으나 전반적인 복지환경을 개선하는 데에는 여성의원이 많을수록 긍정적인 효과를 나타낸다고 할 수 있다. 이것은 남성 의원보다 여성 의원이 건강보험, 아동보육, 그리고 저임금 여성노동자 등에 보이는 관심도가 상대적으로 높다는 측면에서 이해될 수 있다.

한편, 비례성이 높은 선거제도를 채택하는 것 이외에도 선거법 개정을 통해서 여성(및 사회적 소수자)대표의 비율을 높일 수도 있다. 대표적인 국가가 바로 영국이다. 영국의 선거제도는 단순다수제로 불비례적인 국가이지만 여성 국회의원 비율은 평균보다 높다. 이는 1993년 여성후보 공천을 의무화하는 여성할당 규칙이 노동당에 의해 도입되었기 때문이다. 한국 역시 여성단체를 포함한 시민사회단체와 진보정당에서 여성할당 의무제 도입을 꾸준하게 요구해왔고, 각 정당들이 여성의무 할당제를 표명해왔지만 진보정당을 제외하면 그 성과는 미미한 실정이다. 이러한 측면에서 정책개선의 효과적 방향이 비례대표 의석의 확대에 있다는 점은 비례성을 제고하는 선거제도의 도입이 곧 여성의원 확대와 직결된다는 점을 확인시켜주는 대목이다.

⟨부표 6.1⟩ 제17대~제19대 유효투표수 대비 사표 비율

	유효투표수	사표	사표의 비율
제17대	21,263,745	10,629,856	50.0%
제18대	17,212,690	8,105,509	47.1%
제19대	21,792,851	10,120,550	46.4%
제20대	24,360,756	12,641,963	51.9%

자료: 중앙선거관리위원회, 제17대~제19대 국회의원선거 총람.

⟨부표 6.2⟩ 선거민주주의 국가의 선거제도와 불비례성(⟨그림 6.2⟩, ⟨그림 6.3⟩)

국가	불비례성	선거제도	연도	국가	불비례성	선거제도	연도
모리셔스	12.96	절대다수제	2010	남아프리카 공화국	0.37	비례제	2014
호주	9.54	절대다수제	2013	덴마크	0.73	비례제	2011
프랑스	17.66	절대다수제	2012	가이아나	0.81	비례제	2011
파푸아 뉴기니	23.99	절대다수제	1997	네덜란드	0.99	비례제	2012
바베이도스	1.88	상대다수제	2013	나미비아	1.09	비례제	2009
세인트빈센트 그레나딘	2.12	상대다수제	2010	우루과이	1.10	비례제	2009
잠비아	3.39	상대다수제	2011	리히텐슈타인	1.17	비례제	2013
벨리즈	3.74	상대다수제	2012	스웨덴	1.25	비례제	2010
미국	4.79	상대다수제	2012	키프로스	1.69	비례제	2011
도미니카 공화국	4.99	상대다수제	2002	카보베르데	1.95	비례세	2011
가나	5.76	상대다수제	2012	몬테크로	2.28	비례제	2012
시에라 리온	6.09	상대다수제	2012	브라질	2.50	비례제	2010
말라위	7.43	상대다수제	2014	노르웨이	2.56	비례제	2013
케냐	8.26	상대다수제	2013	라트비아	2.76	비례제	2011
트리니다드 토바고	10.55	상대다수제	2011	인도네시아	2.79	비례제	2014
말레이시아	10.79	상대다수제	2013	핀란드	2.95	비례제	2011
라이베리아	11.14	상대다수제	2011	이스라엘	3.09	비례제	2013

방글라데시	11.45	상대다수제	1996	오스트리아	3.31	비례제	2013
세인트키츠 네비스	12.04	상대다수제	2010	엘 살바도르	3.36	비례제	2012
캐나다	12.42	상대다수제	2011	우크라이나	3.59	비례제	2007
세인트 루시아	12.83	상대다수제	2011	몰도바	3.65	비례제	2010
자메이카	13.33	상대다수제	2011	스위스	3.76	비례제	2011
영국	15.10	상대다수제	2010	산 마리노	3.81	비례제	2008
인도	17.53	상대다수제	2014	콜롬비아	3.98	비례제	2002
보츠나와	21.69	상대다수제	2009	벨기에	4.60	비례제	2014
바하마	24.30	상대다수제	2012	아르헨티나	4.82	비례제	2013
앤티가 바부다	24.94	상대다수제	2014	에스토니아	5.09	비례제	2011
부탄	29.57	상대다수제	2013	룩셈부르크	5.20	비례제	2013
그레나다	40.95	상대다수제	2013	알바니아	5.58	비례제	2013
볼리비아	3.76	혼합형 다수제	2009	포르투갈	5.68	비례제	2011
마케도니아	4.45	혼합형 다수제	2014	폴란드	5.95	비례제	2011
에콰도르	4.60	혼합형 다수제	1998	체코	6.12	비례제	2013
멕시코	6.87	혼합형 다수제	2012	루마니아	6.20	비례제	2012
리투아니아	9.08	혼합형 다수제	2012	아이슬란드	6.23	비례제	2013
과테말라	9.33	혼합형 다수제	2011	상투메프린시페	6.29	비례제	2010
베네수엘라	9.60	혼합형 다수제	2010	코스타 리카	6.34	비례제	2014
한국	11.49	혼합형 다수제	2014	세르비아	6.53	비례제	2012
안도라	17.20	혼합형 다수제	2011	슬로베니아	6.57	비례제	2014
헝가리	17.80	혼합형 다수제	2014	스페인	6.93	비례제	2011
세네갈	19.80	혼합형 다수제	2012	튀니지	7.40	비례제	2011
일본	19.96	혼합형 다수제	2012	터키	7.40	비례제	2011
필리핀	25.16	혼합형 다수제	1998	피지	7.52	비례제	2006
모나코	30.27	혼합형 다수제	2013	칠레	8.04	비례제	2013
몽골	33.25	혼합형 다수제	2000	페루	8.87	비례제	2001
레소토	0.94	혼합형 비례제	2012	슬로바키아	9.77	비례제	2012
뉴질랜드	2.38	혼합형 비례제	2011	그리스	9.96	비례제	2012

니제르	2.83	혼합형 비례제	2011	불가리아	10.88	비례제	2013
조지아	2.98	혼합형 비례제	2012	파라과이	11.51	비례제	2013
온두라스	5.60	혼합형 비례제	2013	크로아티아	12.31	비례제	2011
네팔	6.09	혼합형 비례제	2013	토고	16.80	비례제	2013
파나마	7.87	혼합형 비례제	2014	이탈리아	17.34	비례제	2013
독일	8.27	혼합형 비례제	2016	몰타	1.75	단기이양식	2013
타이완	9.07	혼합형 비례제	2012	아일랜드	8.69	단기이양식	2011

자료: 〈그림 6.2〉, 〈그림 6.3〉과 동일.

〈부표 6.3〉 조세부담률과 선거제도의 불비례성 국제 비교(〈그림 6.5〉)

국가	불비례성	조세부담률	조세부담률 평균	선거 불비례성 평균
덴마크	0.73	46.28	24.71	7.72
뉴질랜드	2.38	32.99	24.71	7.72
노르웨이	2.56	32.72	24.71	7.72
스웨덴	1.25	32.37	24.71	7.72
아이슬랜드	6.23	31.66	24.71	7.72
핀란드	2.95	30.14	24.71	7.72
벨기에	4.60	29.84	24.71	7.72
이탈리아	17.34	29.78	24.71	7.72
프랑스	17.66	27.55	24.71	7.72
오스트리아	3.31	27.45	24.71	7.72
호주	9.54	27.29	24.71	7.72
룩셈부르크	5.20	27.23	24.71	7.72
영국	15.10	26.75	24.71	7.72
캐나다	12.42	25.92	24.71	7.72

헝가리	17.80	25.83	24.71	7.72
이스라엘	3.09	24.58	24.71	7.72
아일랜드	8.69	23.10	24.71	7.72
그리스	9.96	22.92	24.71	7.72
독일	8.27	22.51	24.71	7.72
포르투갈	11.51	22.38	24.71	7.72
슬로베니아	6.57	21.65	24.71	7.72
네덜란드	0.99	21.38	24.71	7.72
에스토니아	5.09	20.77	24.71	7.72
스페인	5.09	20.59	24.71	7.72
스위스	3.76	20.22	24.71	7.72
터키	7.40	20.13	24.71	7.72
칠레	8.04	19.99	24.71	7.72
폴란드	5.95	19.96	24.71	7.72
체코	6.12	19.04	24.71	7.72
미국	4.79	18.93	24.71	7.72
한국	11.49	18.65	24.71	7.72
일본	19.96	17.25	24.71	7.72
멕시코	6.87	16.67	24.71	7.72
슬로바키아	9.77	15.74	24.71	7.72
평균값	7.72	24.71	–	–

자료: 〈그림 6.5〉와 동일.

〈부표 6.4〉 여성 국회의원의 비율과 선거제도의 비례성 국제비교: OECD 회원국,
2010-2014년

국가	선거제도의 불비례성	불비례성 평균	여성 국회의원 비율	여성 국회의원 비율 평 균
스웨덴	1.25	7.58	43.6	28.40
멕시코	6.87	7.58	42.4	28.40
핀란드	2.95	7.58	41.5	28.40
아이슬랜드	6.23	7.58	41.3	28.40
스페인	5.09	7.58	41.1	28.40
노르웨이	2.56	7.58	39.6	28.40
벨기에	4.60	7.58	39.3	28.40
덴마크	0.73	7.58	37.4	28.40
네덜란드	0.99	7.58	37.3	28.40
슬로베니아	6.57	7.58	36.7	28.40
독일	7.83	7.58	36.5	28.40
뉴질랜드	2.38	7.58	31.4	28.40
포르투갈	11.51	7.58	31.3	28.40
이탈리아	17.34	7.58	31.0	28.40
오스트리아	3.31	7.58	30.6	28.40
스위스	3.76	7.58	30.5	28.40
영국	15.10	7.58	29.4	28.40
룩셈부르크	5.20	7.58	28.3	28.40
호주	9.54	7.58	26.7	28.40
프랑스	17.66	7.58	26.2	28.40
캐나다	12.42	7.58	25.3	28.40
이스라엘	3.09	7.58	24.2	28.40
폴란드	5.95	7.58	24.1	28.40
에스토니아	5.09	7.58	23.8	28.40
그리스	9.96	7.58	23.0	28.40

체코	6.12	7.58	20.0	28.40
미국	4.79	7.58	19.4	28.40
슬로바키아	9.77	7.58	18.7	28.40
터키	7.40	7.58	17.8	28.40
아일랜드	8.69	7.58	16.3	28.40
한국	7.15	7.58	16.3	28.40
칠레	8.04	7.58	15.8	28.40
헝가리	17.80	7.58	10.1	28.40
일본	19.96	7.58	9.5	28.40
평균값	7.58	-	28.4	-

자료: IPU. Women in Parliaments Data; Gallergher 2015에서 재구성.

참고문헌

제1장 소득불평등

강신욱·강두용·홍민기·정현상. 2013.『소득분배 악화의 산업구조적 원인과 대응방안』. 한국보건사회연구원 연구보고서.

강신욱·김현경·원승연·김근혜. 2014.『소득불평등 심화의 원인과 분배구조 개선을 위한 정책방향』. 한국보건사회연구원 (수시) 연구보고서.

이병희·장지연. 2012. "소득불평등 심화의 메커니즘과 정책 선택".『민주사회와 정책연구』제23권, 71-109.

한국보건사회연구원. 2006.『복지재정의 비전과 과정』. 정책보고서 2006-54. 6월.

홍석철·전한경. 2013. "인구고령화와 소득불평등의 심화".『한국경제의 분석』제19권 제1호, 72-114.

OECD. Wealth Distribution Database: http://stats.oecd.org/index.aspx?datasetcode=Wealth/

제2장 자산불평등

김진영. 2002. "대우패널자료를 통해 본 1990년대 가계의 자산구성 변화".『재정논집』제17집 제1호, 47-74.

김현정·김우영·김기호. 2009. "가구부채가 소비에 미치는 영향". 김현정·김우영·김기호『한국노동패널자료를 이용한 가계부채 분석』. 서울: 한국은행 금융경제연구원, 42-57.

남상섭. 2008. "한국 가계자산의 분배와 불평등 요인분해".『경제연구』제27권 제2호, 59-86.

남상호. 2008. "가계자산 분포와 불평등도의 요인별 분해: 노동패널 자료를 중심으로". 제9회 한국노동패널 학술대회 발표문.

이정우·이성림. 2001. "한국 가계자산 불평등의 최근 추이".『노동정책연구』제1권, 39-51.

황현일. 2009. "IMF 이후 자산불평등 추이". 미발표원고.

European Central Bank. 2013. "The Eurosystem Household Finance and Consumption Survey: Results from the First Wave". *Statistics Paper Series* No.2. Germany. https://www.ecb.europa.eu/pub/pdf/scpsps/ecbsp2.en.pdf.

Fesseau, M., F. Wolff and M.L. Mattanetti. 2013. "A Cross-country comparison of household income, consumption and wealth between micro sources and national accounts aggregates". OECD Statistics Directorate Working Paper No. 52. Paris. http://dx.doi.org/10.1787/5k3wdjrnh7mv-en.

Jantii M., E. Sierminska and T. Smeeding. 2008. "How is Household Wealth Distributed? Evidence from the Luxembourg Wealth Study". OECD. *Growing Unequal? Income Distribution in OECD Countries.* Paris: OECD Publishing. http://dx.doi.org/10.1787/9789264044197-12-en.

Maestri V, F. Bogliacino and W. Salverda. 2014. "Wealth inequality and the accumulation of debt". Wiemer Salverda, Brian Nolan, Daniele Checchi, Ive Marx, Abigail Mc Knight, Istvan Gyorgy Toth, and Herman van de Werfhorst (eds.). Changing Inequalities in Rich Countries: Analytical and Comparative Perspectives. UK, Oxford: Oxford University Press. Ch. 4.

Murtin F., C. Le Thi and A. L. Nozal. 2015. "How does the Concentration of Household Wealth Compare Across Countries?". OECD. *In it Together: Why Less Inequality Benefits All.* Paris: OECD Publishing. http://dx.doi.org/10.1787/9789264235120-9-en.

Murtin, Fabrice and Marco Mira d'Ercole. 2015. *Household wealth inequality across OECD countries: new OECD evidence.* Paris: OECD.

OECD. 2013. *OECD Guidelines for Micro Statistics on Household Wealth.* Paris: OECD Publishing. www.oecd.org/statistics/guidelines-for-micro-statisticson-household-wealth-9789264194878-en.

OECD. 2015. *In It Together: Why Less Inequality Benefits All.* Paris:

OECD Publishing.

Piketty, T. 2014. *Capital in the 21st century*. MA: Harvard University
Press.

Sierminska E., A. Brandolini and T. Smeeding. 2006. "The Luxembourg
Wealth Study –A cross-country comparable database for
household wealth research". *Journal of Economic Inequality* Vol.4.

UN. 2011. *Canberra Group Handbook on Household Income
Statistics*(2nd ed.). New York and Geneva: United Nations Economic
Commission for Europe.

제3장 교육불평등

김희삼. 2014. "세대간 계층 이동성과 교육의 역할". 김용성·이주호 편.『인적자
본정책의 새로운 방향에 대한 종합연구』. 한국개발연구원 연구보고서.

이종훈. 2015. "전국 중학교 학업성취도평가 결과 최초공개". 의원실 보도자료
(9월 10일).

장수명·한치록. 2011. "교육정책과 계층이동". 여유진·김문길·장수명·한치록.
『계층구조 및 사회이동성 연구』. 한국보건사회연구원. 103-151.

황규성. 2013. "한국 사교육 정책의 작동 메커니즘에 대한 정치적 분석".『한국
사회정책』제20권 2호, 233-260.

Bourdieu, P. and Passeron, J. 1980. *Reproduction in Education, Society
and Culture*. Sage Publications.

Bowles, Samuel and Herbert Gintis. 1976. *Schooling in Capitalist
America: Education Reform and the Contradictions of Economic
Life*. New York: Basic Books Inc.

OECD. 2013. *PISA 2012 Results: What Makes Schools Successful?*. http://
www.oecd.org/pisa/keyfindings/pisa-2012-results-volume-IV.
pdf.

OECD. 2015. *Education at a Glance 2015: OECD Indicators*. Paris.
OECD Publishing.

제4장 지역불평등

김광호. 2008. "지역개발 정책의 목표와 전략 재정립." 고영선 편.『2008 국가예산과 정책목표: 지역개발정책의 방향과 전략』, 21-76. 서울: 한국개발연구원.

김종일. 2008. "지역경제력 격차에 관한 연구." 고영선 편.『2008 국가예산과 정책목표: 지역개발정책의 방향과 전략』, 77-135. 서울: 한국개발연구원.

문형표. 2003. "지역간 형평성과 재정분권화." 문형표 편.『2003년도 국가예산과 정책목표』, 49-83. 서울: 한국개발연구원.

박경. 2011. "우리나라 지역간 소득의 역외 유출 현상: 충남을 중심으로."『공간과 사회』제38호. 83-113.

이병희·황덕순·홍민기·오상봉·전병유·이상헌. 2014.『노동소득분배율과 경제적 불평등』. 한국노동연구원 연구보고서.

정준호·김동수·변창욱. 2012.『역외 소득의 유출입을 고려한 지역간 소득격차 분석과 정책적 시사점』. 이슈페이퍼 2012-293. 서울: 산업연구원.

주상영. 2015. "노동소득분배율과 소비".『월간 노동리뷰』통권 129호(12월호). 65-75.

통계청. 2011.『2009년 지역소득통계』. 서울: 통계청.

Hoekman, B. 2015. *The Global Trade Slowdown: A New Normal?, Centre for Economic Policy Research*. VoxEU.org eBook.

Massey, D. 1979. "In what sense a regional problem". *Regional Studies* Vol. 13, 233-243.

제5장 사회안전망과 조세의 재분배기능

김진구. 1999. "의료보장의 원리와 특성." 이인재 외.『사회보장론』(개정판), 163-188. 서울: 나남.

문진영 외. 2014.『최저생계비 이하 비수급 빈곤층 인권상황 실태조사』. 서울: 국가인권위원회.

신형웅—여지영. 2015. "건강보험정책의 현황과 과제."『보건복지포럼』통권 제219호(1월호), 6-19.

통계청. 가계동향조사: https://www.kostat.go.kr/

한국노동연구원. 2009. 한국노동패널조사(KLIPS): https://www.kli.re.kr/

klips/index.do/

Eurostat. 2012. *European Union Statistics on Income and Living Conditions*(EU-SILC): http://ec.europa.eu/eurostat/web/microdata/european-union-statistics-on-income-and-living-conditions/

Melbourne Institute of Applied Economic and Social Research. 2012. *Household, Income and Labour Dynamics in Australia*(HILDA): https://www.melbourneinstitute.com/hilda/

OECD. 2015. *In It Together: Why Less Inequality Benefits All.* Paris: OECD Publishing.

OECD Statistics. Income Distribution and Poverty: http://stats.oecd.org/

Statistics Canada. 2010. *Survey of Labour and Income Dynamics*(SLID): http://www23.statcan.gc.ca/imdb/p2SV.pl?Function=getSurvey&SDDS=3889/

The World Top Incomes Database: http://www.wid.world/

제6장 정치불평등: 선거제도의 불비례성

김종갑·신두철. 2014. "2013년 독일선거제도의 변화와 한국 총선에의 적용." 『한국정치학회보』제48집 제1호, 207-220.

김원홍·이수연·김민정. 2012.『국회의원 선거에서의 여성공천과정 분석을 통한 대표성 증진 방안』서울: 한국여성정책연구원.

Farrell, David. 2011. *Electoral System: A Comprehensive Introduction*(2nd ed.). New York: Palgrave.

Gandrud, Christopher. 2015. Gallagher Electoral Disproportionality Data. http://christophergandrud.github.io/Disproportionality_Data/

Iversen, Torben and David Soskice. 2006. "Electoral Systems and the Politics of Coalitions: Why Some Democracies Redistribute More than Others," *APSR* 100.

Milesi-Ferretti, Gian Maria, Roberto Rerotti and Massimo Rostagno. 2002. "Electoral System and Public Spending," *Quarterly Journal of*

Economics 117.

Payne, Lee W. 2013. "Welfare Reform in the States: Does the Percentage of Female Legislators Affect Welfare Reform Policies?" *Journal of Sociology & Social Welfare* XL(3).

Perrson, Torsten and Guido Tabellini. 2003. *The Economic Effect of Constitutions.* Cambridge, MA: MIT Press.

Pukelsheim, Friedrich. 2014. *Proportional Representation: Apportionment Methods and Their Applications.* Heidelberg: Springer.

필자소개

제1장 장지연 | 한국노동연구원 선임연구위원(사회학)
　　『OECD 주요국의 고용보호와 사회적 보호』(한국노동연구원, 2012, 공저)

제2장 전병유 | 한신대학교 교수(경제학, 연구단장)
　　『경제민주화: 분배 친화적 성장 가능한가』(모티브북, 2012, 공저)
　　「노동시장구조와 사회보장체계의 정합성」(한국노동연구원, 2011, 공저)

제3장 황규성 | 한신대학교 연구교수(정치학)
　　『통일 독일의 사회정책과 복지국가: 통일 20년, 독일인 살림살이 들여다보기』(후마니타스, 2011)

제4장 정준호 | 강원대학교 교수(경제지리학)
　　『위기의 부동산: 시장 만능주의를 넘어서』(후마니타스, 2009, 공저)

제5장 강병익 | 한신대학교 연구교수(정치학)
　　『유럽정당의 복지정치』(성균관대 출판부, 2014, 역서)

제6장 강병익 | 한신대학교 연구교수(정치학)

한신대학교 공공정책연구소

한신대 공공정책연구소는 한국연구재단 SSK(Social Science Korea) 사업의 일환으로 설립되었으며, 2011년부터 2014년까지 3년간은 "다중격차의 재생산 구조와 사회정치적 의제화", 2014년부터 현재까지는 "다중격차 시대의 사회적 균열과 정책 패러다임 전환"이라는 대주제로 2011년부터 한국의 불평등을 연구해 오고 있다.
세계 각국의 불평등에 관한 연구 프로젝트에 참여했다. 2014년에는 옥스퍼드대학교 출판부에서 발간한 『Changing Inequalities and Societal Impacts in Rich Countries』의 한국 부분인 「Korea: The Great U-Turn in Inequality and the Need for Social Security Provisions」를 집필하였다. 이를 바탕으로 『Growing Inequality and Its impacts in Korea』를 출판하기도 했다.

http://www.inequality.or.kr

하룻밤에 읽는 한국사
하룻밤에 읽는 한국사 근현대편

| 50만 독자들의 선택,
우리 역사를 한눈에 그림으로 읽는다!
근현대사의 빛과 그림자까지 알기 쉽게 총망라한다!

선사시대부터 근현대까지 5천 년간 이어져온 한국사의 흐름을 흥미로운 주제를 통해 간결하게 정리했다. 각각의 주제들을 통해 전체적인 시대상을 아우르는 형식을 취하고 있으며, 내용의 이해를 돕는 그림과 사진을 곁들여 중고생이나 역사를 어렵게 느끼는 사람들이 쉽게 접근할 수 있도록 했다. 의견보다는 사실(fact)에, 일방의 주장 대신 다양한 시각을 소개하는 가운데, 무엇보다 역사의 행위자인 사람의 이야기에 관심을 기울인 책이다. 근현대편에서는 교과서가 다루지 못한 금기사항까지 엄정하고 새로운 시각으로 조명한다.

**최용범 · 이우형 지음 | 한국사 428쪽, 근현대편 456쪽
값 한국사 13,500원, 근현대편 15,800원**

말하지 않는 한국사

| 교과서에서 배우지 못한 우리 역사의 불편한 진실!
학창시절의 한국사는 잠시 잊어도 좋다!

우리 역사에서 너무도 사소하거나, 애국심을 가지는 데 방해가 되는 껄끄럽고 불편한 42가지 이야기를 모았다. 이 책은 방대한 사료를 바탕으로 엄정하고도 체계적으로 구성된 본격 역사서와는 거리가 멀다. 정설로 굳어진 관점에 의문을 제기하고, 같은 사건을 다른 차원에서 생각할 수 있는 계기를 마련해주는 역사 에세이 또는 칼럼에 가깝다. 한국사에 대한 기본적인 소양을 갖춘 독자들이 이 책을 펼쳐본다면, 그동안 딱딱하게 굳어져 있던 역사 인식의 틀에 신선한 의문을 제기할 수 있을 것이다.

최성락 지음 | 256쪽 | 값 14,800원

불량 유전자는 왜 살아남았을까

| 34편의 이야기로 읽는 몸의 과학, 그리고 우리의 삶
원래부터 '과학'과 '삶'은 분리되어 있지 않았다!

이 책의 주인공은 생로병사의 현실을 살아가는 우리들의 몸이다. 그 몸을 설명하는 가장 유력한 방법은 여전히 과학이다. 저자는 과학의 언어를 인문학의 눈으로 재조명한다. 저자는 이런 방법을 '인문의학'이라 칭한다.

강신익 지음 | 288쪽 | 값13,500원

백마 탄 왕자들은 왜 그렇게 떠돌아다닐까

| 명작 동화 속에 숨은 역사 찾기,
| 백마 탄 왕자는 신분 상승을 꿈꾸는 떠돌이 구혼자였다!

평강공주와 바보 온달 설화가 고구려와 삼국시대를 빼놓고 말해질 수 없
듯이, 외국의 동화 역시 마찬가지다. 이 책은 〈백설 공주〉와 〈빨간 모자〉
부터 〈나의 라임 오렌지나무〉와 〈해리 포터〉까지, 그 안에 담겨 있는 역
사적 배경으로 시간 여행을 안내한다. 동화의 재미만 아니라 지식도, 동
화만이 아니라 당시의 사람이 보일 것이다.

박신영 지음 | 320쪽 | 값13,500원

인생의 고비에서 망설이는 것들

| 배우 안성기에게 제2의 전성기를 열어준 선택,
| 돌주먹 김태식을 허무하게 무너지게 만든 선택은
| 무엇이었을까?

누구도 피해갈 수 없고, 누구나 그 중요성을 수긍하는 '선택'의 문제에
대한 전면적인 접근을 시도한다. 선택의 전 과정을 아우르는 흥미진진한
사례들을 통해 우리가 과거에 내렸던 선택들을 돌아보게 하며, 앞으로
마주치게 될 선택의 상황에서 최선의 결정을 내릴 수 있는 기준점들을
제시한다.

이영만 지음 | 252쪽 | 값13,000원

담배는 숭고하다

| 늘 '마지막 담배'를 피우는 애연가를 위한
| 담배에 관한 최초의 종합적 비평서!

담배는 비싸고 건강에 해로우니까, 라는 비난에 흡연자는 할 말이 없다.
어쩌면 이 책은 흡연자에 대한 곱지 않은 눈초리에 억울함을 느꼈던 애
연가를 위한 최고의 참고서가 될지도 모른다. 저자는 문학과 철학, 정신
분석학 등 광범위한 분야의 학문과 지식을 접목시켜서 담배와 흡연 습관
을 해부한다. 세상의 모든 애연가들에게 이 책을 추천한다.

리처드 클라인 지음 | 허창수 옮김 | 324쪽 | 값15,000원

세월은 흐르는 것이 아니라 쌓이는 것이다

| 나이 듦의 즐거움을 설파하는 21편의 죽비소리
| 세월은 약이고, 경험이고, 지혜입니다

〈서울의 달〉, 〈옥이 이모〉, 〈짝패〉의 김운경, '야신' 김성근, 〈동양철학에세이〉의 김교빈, 〈썰전〉의 이철희, 인문의학자 강신익, 시 쓰는 건축가 함성호…. 다양한 영역에서 활동하는 21명의 저자들이 전해주는 따뜻한 세월론.

김성근·김운경 외 지음 | 242쪽 | 12,000원

폭주 노년

| 이 나이 먹도록 그런 것도 모르냐고? 모르면 좀 어때!
| 여든을 넘긴 저자가 들려주는 화끈하고 통쾌한 폭주 노년!

번역가이자 저술가로서 왕성하게 활동하고 있는 김욱이 전하는 '폭주론'. 저자의 삶과 철학, 배꼽 잡는 에피소드를 통해, 늙음은 멈춤과 같은 말이 아님을 노화는 수동적과 같은 말이 아님을 이야기한다. 「폭주 노년」이 제시하는 생활 철학은 인생 후반전을 헤쳐 나가는 데 힘을 주는 생생한 교본이 될 것이다.

김욱 지음 | 240쪽 | 13,000원

틀어박히는 힘

| SNS, 인간관계 고민은 날려버려라!
| 내면의 나와 마주하는 진짜 행복!

우리는 흔히 행복이나 성공을 말할 때 커뮤니케이션 능력이나 폭넓은 인간관계를 필수조건처럼 생각한다. 하지만 이 책은 행복을 위해 정말 필요한 것은 그런 사회적 기준이나 타인의 시선에 억지로 자신을 바꾸는 게 아니라, '있는 그대로의 자신', '내면의 나'와 마주할 수 있는 힘을 기르는 것이라고 말한다.

이치무라 요시나리 지음 | 편설란 옮김 | 184쪽 | 13,000원

죽음을 마주하는 시간

> 부모님, 배우자, 오랜 친구, 애완동물…
> 언젠가는 헤어져야 하는
> 모든 것을 소중하게 느끼게 해주는 책!

누구나 죽는다. 그렇기에 죽음, 세상과의 이별에도 준비가 필요하다. 누구나 죽는다. 그렇기에 현재, 남아 있는 삶이 더욱 소중하다. 요양 병원에서 10년을 근무한 의사가 죽음과 인생의 마지막 순간들에 대해 담담하게 써 내려간 책. 책을 덮을 즈음에는 누구보다도 죽음과 가까이 있기 때문에 삶이 더욱 빛난다는 것을 깨닫게 된다.

이원락 지음 | 244쪽 | 12,000원

우리는 왜? −일상이 바뀌는 29가지 궁금증

> 예쁜 여자를 마주한 남자의 몸에서
> 스트레스 호르몬이 분비되는 이유는?

뇌 주름 사이에 낀 먼지를 싹 날려버릴 당돌하고 화끈한 궁금증! 예쁘면 정말 취직이 잘될까? 남의 불행을 보면 왜 기분이 좋아질까? 뚱뚱한 건 정말 자기 관리를 안 한 탓일까? 우리의 일상에서 멀리 떨어져 있지 않은 주제를 문화심리를 통해 이야기한다.

김헌식 지음 | 216쪽 | 12,000원

속을 털어놓으면 정말 너와 친해질까

> 때로는 즐거움, 때로는 스트레스인 인간관계
> 관계의 미로를 풀어주는 최창호 박사의 심리학 에센스!

비밀을 털어놓으면 빨리 친해질까? 듣기만 하는 사람은 친구가 없을까? 누구나 일상생활에서 한 번쯤은 경험했을 법한 흥미로운 사례를 심리학자들의 연구를 통해 명쾌하게 밝혀준다. 사람을 움직이는 관계의 비밀이 바로 이 책에 담겨있다.

최장호 시름 | 272쪽 | 13,800원